Friedhelm Moser

Kleine Philosophie für Nichtphilosophen

W0067142

Friedhelm Moser

Kleine Philosophie
für Nichtphilosophen

Verlag C.H. Beck München

Die Deutsche Bibliothek – CIP-Einheitsaufnahme

Moser, Friedhelm:
Kleine Philosophie für Nichtphilosophen / Friedhelm
Moser. – München : Beck, 2000
  ISBN 3 406 44780 5

ISBN 3 406 44780 5

Umschlaggestaltung: Uwe Göbel/Costanza Puglisi, München
Umschlagabbildung: © Vicky Kasala/Image Bank, München
© C. H. Beck'sche Verlagsbuchhandlung (Oscar Beck), München 2000
Satz: Fotosatz Janß, Pfungstadt
Druck und Bindung: Freiburger Graphische Betriebe
Gedruckt auf säurefreiem, alterungsbeständigem Papier
(hergestellt aus chlorfrei gebleichtem Zellstoff)
Printed in Germany

INHALT

Vorwort
Seite 7

1 Das Ich oder Der Mensch im Spiegel
Seite 11

2 Das Paradox
oder Kann man in Kartenhäusern leben?
Seite 20

3 Die Wahrheit oder Leben in der Skinner-Box
Seite 30

4 Die Liebe oder Der bittersüße Dämon
Seite 39

5 Die Einsamkeit oder Der Mann, der Inseln liebte
Seite 49

6 Die Zivilcourage oder Wieviel Mumm kann man
von einem Menschen verlangen?
Seite 61

7 Die Arbeit
oder Sisyphos und der Stein der Weisen
Seite 70

8 Die Evolution oder Wohin geht die Reise?
Seite 81

9 Die Mystik oder Heimweh nach dem Himmel
Seite 91

10 Der Tod oder Mein Mörder, mein Freund
Seite 101

11 Die Freiheit oder Sind Sie eine Billardkugel?
Seite 111

12 Das Spiel oder Der Herr der Fliegen
Seite 122

13 Die Logik
oder Wenn Lügner Lügner Lügner nennen
Seite 132

14 Die Zeit oder Das Uhren-Universum
Seite 142

15 Die Gleichheit
oder Justitias Waage – die Wiege der Gerechtigkeit?
Seite 151

16 Die Information oder «Bild» und Bildung
Seite 162

17 Die Reise oder Leben heißt Unterwegs-Sein
Seite 171

18 Der Krieg oder Ist Angst eine Tugend?
Seite 180

19 Das Lachen oder Göttergabe – Teufelsfratze?
Seite 190

20 Die Sprache
oder Die Vermummung der Gedanken
Seite 200

21 Die Philosophie oder Meditationen im Stadion
Seite 210

VORWORT

Als ich mich mit fünfzehn Jahren für Philosophie zu interessieren begann und bei Karstadt ein preisgünstiges Bändchen «Kant – Ausgewählte Schriften» erstand, da hatte ich eine seltsame Vorstellung von diesem Fach. Philosophie, so glaubte ich, bringe Klarheit in die Verworrenheit der Welt, sie zeige dem Menschen Wege zum Glück und gebe Antwort auf die letzten Fragen.

Im Laufe der Jahre hat sich mein Bild von der Philosophie gewandelt. Ich würde heute nicht mehr sagen, daß es bei der Philosophie wesentlich um das Erschließen und Feststellen von Wahrheiten geht. Aber worum dann?

Lassen Sie mich ein paar Episoden aus meinem philosophischen Alltag berichten:

Ich fahre in die Stadt, und es ist Wahlkampf. An jedem zweiten Laternenmast lächelt ein Kandidat oder eine Kandidatin. Die Slogans lauten «Sicherheit für Deutschland» und «Wir werden nicht alles anders machen, aber vieles besser». Das Ganze ist nicht besonders originell, und ich frage mich, warum schlauen Politikern und kreativen Werbestrategen nichts Pfiffigeres einfällt. Bis ich darauf komme, daß Pfiffigkeit auch kontraproduktiv sein kann. Die Mehrheit der Wähler – und um die geht es – will Verläßlichkeit und Schlichtheit. Witz verunsichert. Deshalb wäre es im Wahlkampf ein Zeichen von Dummheit, sich als sehr intelligent darzustellen. Je gewiefter einer ist, desto mittelmäßiger präsentiert er sich. Dieses kleine Paradox erfreut mich, so daß ich vermutlich ebenso dümmlich grinse wie die Pappkameraden am Straßenrand.

Ist das der Grund, warum mich in der Fußgängerzone eine schöne, dunkelhäutige Frau vergnügt anlächelt? Ich bin versucht, ihr nachzugehen, aber da kommt mir ein Gedanke in die Quere. Es ist ein faszinierender Gedanke, und er stammt von dem Evolutionsforscher Richard Dawkins. Nach dessen Meinung ist jedes Lebewesen – auch der Mensch – nur eine «Überlebensmaschine» für Gene. Und wenn ich eine dunkelhäutige Frau attraktiv finde, dann deshalb, weil meine Gene «wissen», daß die Fusion mit exotischen Chromosomen ihren Kurswert an der Evolutionsbörse steil ansteigen ließe. Sagt Dawkins; und ich sage zu meinen Genen: «Benehmt euch, ihr Biester, noch bin *ich* der Herr im Haus.» Außerdem hätte ich sowieso keine Zeit. Ich bin nämlich mit Freunden zum Essen verabredet.

Das Ehepaar, dem ich beim Italiener gegenübersitze, hat sich ein Haus gekauft und ist seit Monaten mit der Renovierung und Einrichtung beschäftigt. Das Haus bildet denn auch das Hauptgesprächsthema. «Willst du dir nicht auch mal ein Haus kaufen?» werde ich gefragt. «Miete ist doch im Grunde rausgeschmissenes Geld.» Mir gehen die Vorzüge der Hauslosigkeit durch den Kopf, aber ich habe keine Lust auf eine Grundsatzdiskussion zum Dessert. Deshalb sage ich: «Ich hab' schon mal ein Haus gekauft. Viele Häuser. Früher, als ich mit meiner Schwester immer ‹Monopoly› gespielt hab'.» Darüber kann man lachen. Aber völlig absurd ist der Gedanke nicht. Das Spiel simuliert die Welt, aber simuliert nicht auch die Welt das Spiel? Ich nehme mir vor, nach dem Espresso in die Universitäts-Bibliothek zu fahren und Literatur zum Thema «Spiel» aufzutreiben. Denn «Spiel» scheint mir – wie auch «Paradox» oder «Evolution» – ein geeignetes Stichwort für das Buch zu sein, das ich in Planung habe (und das Sie jetzt in Händen halten).

Philosophie – das sollen diese Episoden zeigen – hat viel mit vagabundierenden Gedanken zu tun. Der Philosoph liebt die Um- und Abwege. Leicht vergißt er auf seinem Spaziergang, wo er überhaupt hin wollte. Er geht durch das Leben wie jemand, der zum ersten Mal und ohne Eile durch eine fremde Stadt flaniert. Er hat einen Reiseführer eingesteckt – das ist die philosophische Literatur –, aber er schaut nur gelegentlich hinein. Denn sein Interesse beschränkt sich nicht auf die sattsam bekannten Sehenswürdigkeiten. Ein malerischer Brunnen, den er in einem Hinterhof entdeckt, berührt ihn vielleicht mehr als die gesamte Pinakothek.

Dieses Buch will Sie zu einem Bummel durch einige besonders interessante Viertel der Philosophie verführen. Alles, was Sie mitbringen müssen, ist Unternehmungslust und ein wenig Muße. Und bitte vergessen Sie nicht Schopenhauers Ratschlag, «daß zu Papier gebrachte Gedanken überhaupt nichts weiter sind als die Spur eines Fußgängers im Sande: Man sieht wohl den Weg, welchen er genommen hat; aber um zu wissen, was er auf dem Wege gesehen, muß man seine eigenen Augen gebrauchen.»

1

DAS ICH

oder

Der Mensch im Spiegel

«Ich habe versucht, mich aus diesem alten, staubigen, muffigen,
faulen Zauberkreis meines Ichs zu befreien, in dem mich zu
drehen ich verurteilt bin, aber alles, und mochte ich auch das
Allergewöhnlichste tun, ausnahmslos alles nahm sofort meine
eigene ausschließliche Farbe, meine Art und meinen Geruch an.
Ich konnte nur dies und konnte es nur so tun. Immer dasselbe,
immer dasselbe. Wenn ich mich erschießen oder aufhängen
wollte, worüber ich manchmal so ernsthaft nachdenke wie darüber, ob ich in die Stadt fahren soll oder nicht, auch das täte
ich nicht so wie der Soldat, der sich vergangenes Jahr in Sasek
erhängt hat, sondern so, wie es mir eigen ist, nämlich auf ir-
gendeine alte, törichte, muffige und traurige Art.» (Leo Tolstoi,
Aufzeichnungen eines Ehemannes)

Beginnen wir mit dem Ursprung allen Fühlens und Denkens, beginnen wir mit dem Ich!

Mit dem Ich beginnen? Ist das erlaubt? Eine der eiser-
nen Benimmregeln meiner Kindheit lautete: «Man fängt
keinen Brief und keinen Schulaufsatz mit ‹Ich› an!» So
etwas zeuge von Hochmut, und Hochmut zeuge von
Dummheit. Dabei wollte unsereins doch nur schreiben:
«Ich hoffe, es geht Euch gut.» («Euch» groß!) oder «Ich
war in den Sommerferien bei meinem Onkel Ludwig.»
Und war Ludwig XIV. («Der Staat bin ich») etwa ein
Ausbund an Bescheidenheit gewesen? Aber nein, es half
nichts. Das Ich wurde vom Anfang verbannt, es durfte
sich irgendwo im Wörtergewimmel verkrümeln. Und bei
Aufzählungen mußte es sich grundsätzlich ganz hinten
anstellen. Wer gegen dieses Gebot verstieß, galt als Esel.

Der Abzählreim «Ich und du, Müllers Kuh, Müllers Esel, das bist du» war wohl ursprünglich ein Spottvers für Kinder, die die Lektion noch nicht gelernt hatten.

Das Ich war aussätzig. Noch widerlicher aber als das nackte Ich war ein Ich, das Wünsche hatte oder – Gott bewahre! – Forderungen stellte. Wenn Tante Waltraud fragte: «Wer möchte denn noch ein schönes Stück Torte?» war ein spontanes «Ich!» garantiert die falsche Antwort. Wer sich an Tante Waltrauds Kaffeetafel vordrängelte, kam als allerletzter dran, mußte sich mit dem kleinsten Stück zufriedengeben und zudem noch einen Rüffel schlucken: «Sei nicht so *ichsüchtig*!» Und Cousine Gaby feixte.

Ach, Tante Waltraud! Wäre ich damals etwas aufgeweckter gewesen, hätte ich dir geantwortet: «Aber ich *muß* ichsüchtig sein. Ich will später einmal Philosoph werden, und dieser Beruf beschäftigt sich hauptsächlich mit dem Ich. Meine Ichsucht ist ein sicheres Indiz für meine philosophische Berufung. Und jetzt in Nietzsches Namen her mit der Torte, und gefälligst das größte Stück!»

So hätte ich auftrumpfen sollen. Statt dessen lief ich rot an, ein Signal meiner Kapitulation vor dem Über-Ich. Mein Ich war halt noch ziemlich unterentwickelt, ein rechtes Kümmerl-Ich, gerade erst in die Welt geworfen und noch ganz wackelig auf den Beinen.

*

Ab wann hat man eigentlich ein Ich? Es gibt angeblich Leute, die sich an ihre eigene Geburt erinnern, aber es soll ja auch Leute geben, die behaupten, in einem früheren Leben Alexander der Große oder die Tochter des Pharao gewesen zu sein. (Einfache Soldaten und Latrinensklaven werden offenbar nie wiedergeboren.) Nein, bei der Geburt glänzt das Ich durch Abwesenheit. Eine durchtrennte Nabelschnur bedeutet noch lange kein Selbstbewußtsein. Auch auf Wickelkommoden und in Laufställen sind Ichs selten anzutreffen.

Das Ich enthüllt und entdeckt sich irgendwann zwischen Schnuller und Schultüte. Ich erinnere mich nicht daran, wie ich diesen Moment erlebt habe, deshalb lassen wir den Dichterphilosophen Jean Paul zu Wort kommen: «An einem Vormittag stand ich als ein sehr junges Kind unter der Haustüre und sah links nach der Holzlege, als auf einmal das innere Gesicht ‹ich bin ein Ich› wie ein Blitzstrahl vom Himmel vor mich fuhr und seitdem leuchtend stehen blieb: da hatte mein Ich zum ersten Male sich selber gesehen und auf ewig.»

Der Satz «ich bin ein Ich» hat es in sich, philosophisch betrachtet. Dasselbe Wort wird ganz unterschiedlich verwendet: «ich» ist nicht gleich «Ich», und deshalb muß ich die Aussagen aus dem vorletzten Absatz teilweise zurücknehmen. Das Kind, das in der Sekunde *vor* dem «Blitzstrahl» unter der Haustüre steht, besitzt sehr wohl ein «ich»; aber es ist nur ein kleines «ich». Dieses blickt selbstvergessen nach draußen, in Richtung Holzstoß. Es ist ein Guckloch, durch das der kleine Junge auf die Welt sieht. Ein mobiles Guckloch mit integriertem Hörrohr und anderen Extras. Ein Guckloch, das sich mit der Geburt aufgetan hat und mit dem Tod schließen wird.

Besonders leistungsstark ist das kleine «ich» nicht. Jedes Huhn, das auf dem Hof nach Körnern pickt, ist ein solches Guckloch, selbst die Ameise, die über den Holzstoß krabbelt, hat Augen im Kopf und ein Ziel, das sie anstrebt.

Das große «Ich», das philosophisch interessante «Ich», ist etwas fundamental anderes. Es bildet sich durch eine Art von Kernspaltung. Entsprechend umwerfend sind die Auswirkungen. Das kleine «ich» zerreißt spontan in der

Mitte und tritt sich selbst gegenüber. Es findet sich unversehens vor einem inneren Spiegel und erschrickt vor seinem ungeheuerlichen Ebenbild. In der Ursekunde der Persönlichkeit verschwindet das Guckloch im Guckloch, und heraus springt eine neue Welt, ein unendliches Spiegelkabinett, das Universum des Groß-Ich.

Die aberwitzige Kluft zwischen Klein-Ich und Groß-Ich bildet ein Grundparadox unseres Lebens. Das Klein-Ich ist nur ein Stecknadelkopf in Raum und Zeit, eine zufällige, flüchtige Zusammenballung von Atomen im Wirbel der Galaxien, ein Wimpernschlag im Traum eines Schattens. Das Groß-Ich ist unendlicher als die Unendlichkeit: Die Erde ist Teil eines Sonnensystems, die Sonne ist nur einer von Milliarden Sternen in der Galaxie, und wer, außer ein paar verrückten Astronomen, zählt die Galaxien im Universum ... Das Groß-Ich nimmt diese ganze, grenzenlose Welt in sich auf; es lernt alternative Welten kennen, indem es mit anderen Ichs kommuniziert; und schließlich hat es die Fähigkeit, sich so viele mögliche Welten vorzustellen, wie es will. Es ist wirklich *ziemlich* groß. Jeder Mensch mit einem Groß-Ich spürt, daß er alles und mehr als alles ist. Das macht ihn stolz und zugleich verzagt. Wie entsetzlich, wie unvorstellbar schade wäre es, dieses phänomenale Groß-Ich zu verlieren! Für Sektenprediger, die alle Jahre wieder mahnen: «Tut Buße! Denn das Ende der Welt ist nahe!», haben die meisten von uns nur ein mitleidiges Lächeln übrig. Und doch ist der Weltuntergang eine Realität. Er findet in jeder Sekunde statt, irgendwo auf der Erde. Immer dort, wo ein Mensch sich zur Wand dreht und den letzten Atemzug tut, versinkt eine Welt im Nichts, vergeht eine Unendlichkeit für immer.

Ein Trost: In jedem Embryo keimt ein neuer Kosmos.

*

Ist es ein Anhauch der Unendlichkeit, der uns erschaudern läßt, wenn wir den ersten Blick in den inneren Spiegel werfen – und wenn der innere Spiegel den ersten Blick in uns wirft?

Spiegel sind unheimlich. Eine der schönsten Horrorstories, die ich kenne, stammt von H. P. Lovecraft und heißt *Der Außenseiter*: Ein Junge wächst in einem grauenvollen, uralt einsamen Schloß heran. Die Kronen gigantischer Bäume sperren jedes Tageslicht aus. Nur ein einziger schroffer Turm ragt durch das Blätterdach. Eines Tages besteigt der Junge diesen Turm. Nach einer endlosen Kletterpartie findet er sich nicht, wie erwartet, auf einer Aussichtsplattform in schwindelnder Höhe wieder, sondern – auf der flachen Erde. Zum erstenmal sieht er den Vollmond. Er irrt übers Land und entdeckt ein Schloß, in dem ein Fest gefeiert wird. Sobald er den Ballsaal betritt, rennen die Gäste schreiend davon. Er schaut sich um und erblickt den Grund ihrer Panik, ein gräßliches Ungeheuer. Halb ohnmächtig taumelt er dem Scheusal entgegen, hebt seine Hand zur Abwehr und berührt – die blanke, kalte Fläche eines Spiegels. Spiegel sind grausam.

Und tückisch. Der schöne Knabe Narziß beugt sich über eine Quelle und entdeckt im Wasser – einen schönen Knaben. Es ist Liebe auf den ersten Blick. Doch wann immer Narziß den Geliebten umarmen will, zerfließt dessen Bild. Reichlich spät blitzt die Wahrheit in ihm auf: «Der bin ja ich ... Ich liebe mich selbst!» Narziß stirbt an gebrochenem Herzen. Nicht einmal in der Unterwelt findet er Erlösung. Todeslänglich starrt er dort in den schwarzen Spiegel des Styx.

«Schau nicht soviel in den Spiegel, sonst bleibt dir das Gesicht stehen», lautete eine andere von Tante Waltrauds Weisheiten. In meiner Jugend habe ich das für einen finsteren Aberglauben gehalten. Heute denke ich, daß etwas dran sein könnte. Der minutenlange Blick in die eigenen Augen hat etwas Enervierendes. Das Schwarz der Pupillen entfaltet einen unheimlichen Sog. Der Blick, der sich nicht losreißen kann, erliegt der Faszination des Bodenlosen. Angeblich ist es möglich, sich durch Selbsthypnose in kataleptische Zustände zu versetzen. Wer Glück hat, landet in der Psychiatrie. Jahr für Jahr verschwinden Tausende von Menschen spurlos. Wie viele davon sind wohl, wie Alice, «durch den Spiegel» gegangen? Spiegel sind unergründlich.

Und sie kompromittieren. Leute, die zu oft in den Spiegel sehen, wirken lächerlich. Oder was würden *Sie* von jemandem halten, der beim Gang durch die Stadt vor jedem Schaufenster stehenbleibt, um in der Scheibe seine äußere Erscheinung zu kontrollieren? Ach, Sie machen das selbst? Zugegeben, ich auch gelegentlich. Zum Beispiel, wenn ich von meiner Friseuse komme. Aber dann weiß ich genau, daß ich in Gefahr bin, lächerlich zu wirken, und schaue nur ganz flüchtig und verstohlen hin. Wahrscheinlich wirkt das doppelt lächerlich.

*

Mit der Selbsterforschung der Psyche verhält es sich ähnlich: Es führt zu nichts, wenn man pausenlos darüber nachgrübelt, wer man *eigentlich* ist. Denn so, wie beim Selbstbespiegler die Wirkung durch die Sorge um die Wirkung zerstört wird, schrumpft beim Selbsterforscher das Selbst in dem Maße, wie das Bedürfnis nach Selbsterforschung wuchert. Eine exzessive Psychoanalyse zersetzt die Psyche. Sein Ich findet man nicht, indem man sein Innenleben auf den Kopf stellt, sondern man schafft es sich, indem man in der Welt etwas auf die Beine stellt. Ein Ich, das nur noch sich selbst im Blick hat, vernichtet am Ende sich selbst.

In diesen Teufelskreis verrennt sich, wenn er nicht achtgibt, auch der Philosoph. Sein Hauptinteresse – als Fundament für alle weitere Forschung – richtet sich auf die Bedingungen und Grenzen von Wahrnehmung und Denken. Wahrnehmung und Denken existieren jedoch nicht im luftleeren Raum, sie sind Funktionen des menschlichen Verstandes. Also nimmt der Philosoph den Menschen in Momenten von Wahrnehmung und Denken unter die Lupe. Und weil er nur bei einem einzigen Menschen hinter die Kulissen des Gehirns schauen zu können glaubt, macht er diesen einen Menschen zum bevorzugten Objekt seiner Forschung. «Merke auf dich selbst!» rief Fichte, «Kehre deinen Blick von allem, was dich umgibt, ab, und in dein Inneres: (das) ist die erste Forderung, welche die Philosophie an ihren Lehrling tut.» Und Friedrich Schlegel schlug in dieselbe Kerbe: «Die Untersuchung aller Quellen in der Philosophie führt uns auf die Selbstanschauung als den sichersten Anfangspunkt der Philosophie.»

Der Maler, der sich selbst nach einem Spiegelbild porträtiert, kann sich immer nur im Augenblick des Malens darstellen, mit wachem, kontrollierendem Blick. Der idealistische Philosoph untersucht sich selbst, und untersucht sich doch immer nur – bei eben dieser Untersuchung. Die Introspektion inspiriert die Introspektion. Ein Verfahren, das Hunde, die ihrem eigenen Schwanz nachjagen, eminent philosophisch erscheinen läßt.

*

Jedem, der viel über sich nachdenkt, kommt früher oder später die Idee, er müsse die Wechselfälle seines Lebens aufzeichnen. Zahlreiche Philosophen haben Autobiographien verfaßt: Augustinus, Rousseau, Mill, Russell, Feyerabend, um nur eine Handvoll zu nennen. Ich liebe solche Bücher, weil sie zeigen, daß die Philosophie, mag sie mit dem Kopf auch noch so tief in den Wolken stecken, mit den Füßen allemal auf der Erde bleibt. Autobiographien zerreißen das Hirngespinst, daß das Ich selbstgenügsam und selbstbeherrscht sei. Wir sind *nicht nur* das, aber immer *auch* das, was wir geworden sind. Und was wir geworden sind, hängt vornehmlich davon ab, welchen Menschen wir begegnet sind, welche Erfahrungen wir mit ihnen gemacht haben und wie wir diese Erfahrungen bewerten.

Nur wer seine Geschichte zur Kenntnis nimmt, kann begreifen, wer er ist. Menschen, die am «Korsakow-Syndrom» leiden, haben kein Kurzzeitgedächtnis mehr und müssen sich in jeder Sekunde eine neue Lebensgeschichte konstruieren, ein neues Ich erfinden. Ihre phantastischen Konstruktionen haben keine inneren Bezugspunkte, sondern sind lediglich Reflexe auf Eindrücke von außen. Diese Menschen haben kein Gefühl für ihr Alter und wissen nicht, wo sie sich gerade befinden. Sie sind verloren in Raum und Zeit. Der Korsakow-Patient ist ein Individuum ohne Selbst.

*

Die Auslöschung des Ich ist nicht immer eine existentielle Katastrophe. Sie kann auch zur höchsten Stufe des Menschseins führen. Darin sind sich östliche Philosophie und westliche Mystik einig. Denn so groß das Ich auch sein mag, es setzt doch immer ein Nicht-Ich voraus, von dem es begrenzt wird. So stolz und selbstsicher das Ich im Leben auch ist, es hängt doch am Leben, und vor dem Tod ist all seine Herrlichkeit dahin.

Das Ich ist ein Schloß mit 365 prächtigen Sälen. Doch wer ein Schloß *besitzt*, wird nur zu leicht von diesem Schloß *besessen*. Er schließt sich ein in der Illusion, Krankheit, Alter und Tod seien für ihn damit ausgeschlossen. Der Weise bewohnt das Schloß wie ein Gast, der jederzeit damit rechnet, weiterziehen zu müssen, oder er bricht von sich aus auf in die «Hauslosigkeit», wie jener indische Prinz, der erst im Bettlergewand zum Buddha wurde. Wer ein Schloß besitzt, ist reich. Wer das Schloß aus freien Stücken verläßt, ist reicher, denn die ganze Welt steht ihm offen, und er hat nichts mehr zu verlieren. Wer den Verlust des Ich – den Tod – nicht fürchtet, muß nichts und niemanden fürchten. Der letzte Triumph des Ich ist der Sieg über sich selbst, wie das folgende Zen-Gedicht bestätigt:

«Der Sieg gehört nur dem Einen,
vor des Kampfes Beginn schon,
der seines Ichs nicht gedenkt,
der im Ursprung, im Nicht-Ich, wohnt.»

*

Neulich besuchte ich wieder einmal Tante Waltraud. Auch Cousine Gaby war da, die in letzter Zeit ein Interesse für postmoderne Philosophie entwickelt hat. «Ich hab' uns ein schönes Stück Torte mitgebracht», sagte ich besänftigend. Gaby sah mich streng an: «Du solltest das Wort ‹ich› nicht so unkritisch gebrauchen. Das autonome Subjekt existiert nach Foucault nicht mehr: ‹Das Ich ist explodiert.›»

Ich spürte, wie ich rot anlief.

Zum Weiterlesen empfehle ich:
Einsicht ins Ich – Fantasien und Reflexionen über Selbst und Seele von Douglas R. Hofstadter und Daniel C. Dennett (Stuttgart 1986).

2

DAS PARADOX

oder

Kann man in Kartenhäusern leben?

«Es ist wahrscheinlich, daß das Unwahrscheinliche geschieht.»
(Aristoteles)

Was paradox ist? Das ist doch klar wie Kloßbrühe: Paradox ist das Überbein am Unterarm, der Schatten, über den man springt, der Zopf, an dem man sich aus dem Sumpf zieht, ein Kinderreim voller Ungereimtheiten:

> «Dunkel war's, der Mond schien helle,
> Schnee lag auf der grünen Flur,
> als ein Wagen blitzeschnelle
> langsam um die Ecke fuhr.»

Paradox – das ist auch eine Putzfrau, die Dreckmann heißt, ein Papagei, der «Kuckuck» ruft, oder ein Wolf im Schafspelz; ein Mensch, der niemals einem Club beitreten würde, der Leute wie ihn aufnimmt; ein Mensch, der nur dann glücklich ist, wenn er etwas zu jammern hat; ein Mensch, der jeden haßt, der ihn gern hat. Paradox sind das offene Geheimnis und das beredte Schweigen. Und was ist ein Sadist, der einem Masochisten die Bitte um Schläge lächelnd *abschlägt*? ... Genau.

Zum Stichwort Sadismus fällt mir eine paradoxe Geschichte ein, die Geschichte meines Schulfreundes Edgar Fuchs. Edgar war ein wenig verklemmt und glaubte nicht daran, daß ihn jemand *wirklich* lieben könne. Nun hatte er das Glück, daß sich tatsächlich ein Mädchen in ihn verliebte. Ihr Name war Theodora. Sie vergötterte ihn.

Dennoch zweifelte Edgar. Um sie zu testen, behandelte er sie wie den letzten Dreck. «Wenn du mich *wirklich* liebst, erträgst du das», sagte er. Und Theodora ertrug alles. Er begann sie zu schlagen. Sie ertrug auch das. Aber nichts konnte Edgar davon überzeugen, daß sie ihn *unter allen Umständen* lieben würde. Irgendwann mußte ihre Liebe doch aufhören. Eines Tages nahm Edgar sie mit auf eine Aussichtsplattform und sagte: «Wenn du mich *wirklich* liebst, springst du jetzt da runter.» Theodora sprang in den Tod, und Edgar schlich mit gemischten Gefühlen zum Fahrstuhl.

*

«Paradox» gehört zu meinen Lieblingswörtern. Zum einen erlaubt es mir, mit meinen etymologischen Kenntnissen zu prahlen: Die altgriechische *dóxa* stammt aus dem gleichen Stall wie das *dógma* und bedeutet soviel wie «Meinung, Vorurteil, Glaube». *Pará* heißt «gegen»; beides zusammen also: «gegen die vorgefaßte Meinung, unglaublich». Zum anderen habe ich eine Schwäche für das Abseitige und Makabre, für das Groteske und Okkulte. Viele unheimliche, obskure Wörter beginnen mit «para»: Nicht nur Paradox, sondern auch Paranoia, Paralyse, Parasit, Parapsychologie, Paradigma und Parallaxpanoramagramm. Wer etwa den Paraplü für harmlos hält, lasse sich von Wilhelm Busch («Zwei Diebe») eines Gräßlicheren belehren. Selbst das Paradies hatte seine Tücken. In seiner Mitte stand bekanntlich ein Baum mit verbotenen Früchten und einem akustischen Warnsystem: «Esset nicht davon, rühret sie auch nicht an, daß ihr nicht sterbet!»

Dieser Nabel des Gartens Eden wird gemeinhin als «Baum der Erkenntnis» bezeichnet. «Baum der Paradoxie» wäre passender. Denn was hat eine Pflanze mit todbringenden Früchten mitten im Paradies zu suchen? Sie wirkt dort so deplaziert wie eine Selbstschußanlage im Kinderzimmer. Oder hat der Baum einen tieferen Sinn? Es scheint so. Das sogenannte Paradies ist nämlich in Wirklichkeit eine Falle, eine *Sündenfalle*. Jehova hat sich einen bösen Scherz mit Adam und Eva erlaubt. Ähnlich wurde Ödipus vom Orakel genarrt. Die Warnung erst bewirkt das Verderben. Jedes Verbot reizt zum Ungehorsam. Blaubarts Frau öffnete das siebente Zimmer. Semele bestand darauf, das wahre Antlitz des Zeus zu sehen, und verbrannte. Dagegen ist nichts reizloser als das Erlaubte, das Offensichtliche, das im Überfluß Vorhandene. Niemand ist so unglücklich wie der Voyeur am Nacktbadestrand.

Menschen reagieren nun einmal paradox. Deshalb führt, wenn man jemanden manipulieren will, gewöhnlich eine paradoxe Strategie zum Erfolg. So auch im folgenden Fall, den Mark Twain aufgezeichnet hat:

Tom muß einen Zaun streichen. Es ist eine langweilige Strafarbeit. Zusätzlich quält ihn der Gedanke, daß alle anderen Jungen frei haben. Früher oder später werden sie vorbeikommen und ihn auslachen. Die Lage ist hoffnungslos. Da erscheint auch schon der erste Junge, Ben Rodgers. Er stellt sich hinter Tom und höhnt: «Ham se dich rangekriegt, hä?»

Tom tut, als habe er nicht gehört, und streicht weiter, mit künstlerischer Hingabe.

«Ich geh' schwimmen», sagt Ben. «Aber du mußt ja wohl arbeiten.»

Tom tut überrascht: «Ach, du bist es, Ben. ‹Arbeiten›? Was meinst du mit ‹arbeiten›?»

Er verkauft die Pinselei als anspruchsvolle Kunst, solange, bis Ben fragt: «Darf ich auch mal ein bißchen?»

Für einen Apfel läßt Tom sich breitschlagen. Nach und

nach trudeln auch die anderen Jungen ein. Jeder will an der Attraktion des Streichens teilhaben. Angebot und Nachfrage. Am Nachmittag prangt der Zaun in makelloser Schönheit. Tom ist durch die Vermietung des Pinsels zu einem Vermögen in Form von Murmeln, Knallfröschen, einer toten Ratte u. ä. gekommen. Und er hat etwas fürs Leben gelernt: Was als Plackerei gilt, wenn man es tun *soll*, wird zum Vergnügen, wenn man es tun *darf*. Begehrenswert erscheint den Menschen nur das, was schwer zu bekommen ist. Wenn Kartoffeln so rar wie Trüffel wären, dann wären sie auch so teuer.

Teuer kann auch eine Therapie werden. Das Geld kann man sich sparen, wenn man lediglich an seelischen Blokkierungen leidet. Das simple Rezept lautet «paradoxe Intention», und es funktioniert so: Nehmen wir einmal an, Sie leiden unter Schlafstörungen. Den ganzen Tag über fühlen Sie sich müde und zerschlagen. Ihr Körper schreit nach Schlaf. Aber gegen Abend bemächtigt sich Ihrer die sogenannte Bettangst, die Angst vor einer weiteren durchwachten Nacht. Die Angst beunruhigt Sie dermaßen, daß Sie im Bett tatsächlich kein Auge zutun. Sie wollen ganz bewußt und aktiv einschlafen, Einschlafen ist nun aber gerade ein unbewußter und passiver Vorgang. Das überreizte Schlafenwollen verhindert den Schlaf.

Was tun? Behandeln Sie das Sandmännchen, als hieße es Ben Rodgers! Zeigen Sie Morpheus die kalte Schulter. Nehmen Sie sich vor, die ganze Nacht lang über Gott und die Welt nachzudenken. Wenn Ihnen das zu anstrengend ist, erinnern Sie sich an Ihren letzten Urlaub oder planen Sie den nächsten. Wahrscheinlich holt der Schlaf Sie ein, eh' Sie auf dem Flughafen angekommen sind.

Auch bei andersgearteten Schlafzimmerproblemen hat sich die «paradoxe Intention» bewährt, ebenso bei der Angst vor Erröten und Schweißausbrüchen. Verlustangst bekämpft man nicht durch Klammern, sondern durch Loslassen. Jeder Mensch kann schwimmen. Wenn einer ertrinkt, dann aus Angst vor dem Ertrinken, weil er krampfhaft um sich schlägt, statt entspannt auf dem Wasser zu treiben. Ein «toter Mann» geht nicht unter. Petrus fiel erst dann in den See Genezareth, als er zweifelte. Sein Meister war ein Experte der paradoxen Intention: «Liebet eure Feinde! Tut wohl denen, die euch hassen!»

*

Neues Testament und Theologie sind Fundgruben für wundervolle Paradoxa. Daran ist der allwissende, allmächtige, allgütige Schöpfer höchstpersönlich schuld. «Kann Gott einen Stein erschaffen, der so schwer ist, daß Gott selbst ihn nicht heben kann?» Vor solchen Koans kapitulierten selbst die Kirchenväter mit einem Stoßseufzer: «Ich glaube, *weil* es absurd ist.» Es ist dem Normalsterblichen unmöglich, Gott in seinem Wesen zu begreifen. Deshalb behilft sich die Theologie mit einem Trick: «Das einfach und absolut Größte erfassen wir, da es zu groß ist, als daß es von uns begriffen werden könnte, nur *als unbegreiflich*», schrieb Nikolaus von Kues. Über Gott wissen wir nur, daß wir nichts über ihn wissen. Wäre es nicht witzig, wenn er tatsächlich ein alter Mann mit Bart wäre?

Möglich auch, daß er jenem legendären Barbier gleicht, über den Bertrand Russell schrieb: «Er rasierte alle Männer des Dorfes, die sich nicht selbst rasierten.» Dieser Satz klingt vernünftig. Er wird erst dann problematisch, wenn man fragt: «Und was war mit dem Barbier? Rasierte er sich selbst, oder nicht?» Wenn er sich nicht rasierte, mußte er sich rasieren. Und wenn er sich rasierte, durfte er sich nicht rasieren. Der Barbier steckte in der Klemme – bis Russell das Dorf besuchte und festlegte, die obige Rasiervorschrift dürfe nicht auf den Barbier selbst angewendet werden. Diese Regel – «Eine Menge darf sich selbst nicht als Element enthalten» – gilt sogar für den Papst: Die Lehre von der Unfehlbarkeit *ex cathedra* kann sich logischerweise nicht auf sich selbst beziehen. Es sei denn, durch ein Wunder.

*

In der Umgangssprache spricht man bereits dann von Paradoxie, wenn ein Satz dem gesunden Menschenverstand widerspricht. So erscheinen viele korrekte Behauptungen aus Logik und Mathematik absurd. Ein Beispiel: Es leuchtet unmittelbar ein, daß die Menge der natürlichen Zahlen (1, 2, 3, 4, 5, usw.) sich wie ein Reißverschluß in die Mengen der geraden Zahlen (2, 4, 6, usw.) und der ungeraden Zahlen (1, 3, 5, usw.) aufteilen läßt. Die Menge der geraden Zahlen ist genauso groß wie die Menge der ungeraden Zahlen, und jede von beiden ist halb so groß wie die Menge aller natürlichen Zahlen. Sollte man meinen. Aber dann schwingt die Mathematik ihren Zauberstab, und – algebradabra, primzahlabim! – sieht alles anders aus: Jeder natürlichen Zahl läßt sich eine gerade Zahl zuordnen:

1 entspricht 2;
2 entspricht 4;
3 entspricht 6;
4 entspricht 8;
usw. bis in die Unendlichkeit.

Es gibt keine natürliche Zahl, die sich nicht problemlos verdoppeln ließe. Mit anderen Worten: Die Menge der natürlichen Zahlen ist *kein bißchen größer* als die Menge der geraden Zahlen. Und für die ungeraden Zahlen gilt dasselbe. Unendlich ist unendlich. Größer geht's nicht.

*

Das Paradox erschüttert unser Vertrauen in die Selbstverständlichkeiten des Alltags. Aus diesem Grund ist es seit jeher ein beliebtes Werkzeug der Philosophie. Schon Zenon von Elea behauptete, ein abgeschossener Pfeil stehe an jedem Punkt seiner Bewegung still und bewege sich deshalb überhaupt nicht vom Fleck. Blühender Blödsinn, aber logisch schwer zu widerlegen. Die spektakulärsten Paradoxa von heute stammen aus der theoretischen Physik. So wird behauptet, ein Astronaut, der mit annähernder Lichtgeschwindigkeit das Universum durchblitzt habe, sei bei seiner Rückkehr zur Erde jünger als sein daheimgebliebener Zwillingsbruder. Unglaublich, aber Einstein.

Paradoxa entstehen an der Nahtstelle zwischen Realität und Vorstellung. Die Natur an sich erlaubt sich keine Widersprüche. Das hoffen wir jedenfalls. Wenn das Licht in einigen Experimenten Teilchencharakter zeigt, sich in anderen Versuchen als Wellensalat präsentiert, dann schreiben wir diese Ungereimtheit nicht der Sprunghaftigkeit des Lichtes zu, sondern der Dürftigkeit unserer Theorien. Dabei gibt es keinen logischen Grund, warum das Weltall widerspruchsfrei sein müßte und keine anarchischen Elemente enthalten dürfte. Unsere Suche nach einer letztgültigen Weltformel, die alles erklärt, den Aufbau des Universums ebenso wie die Vorgänge auf subatomarer Ebene, hat vielleicht religiöse Motive. Die «Theorie für Alles», von der die Wissenschaftler träumen, wäre dann nur das moderne Gesicht eines allmächtigen Schöpfers.

*

Jedenfalls bei der Schöpfung des Menschen scheint der Teufel, «der Geist, der stets verneint», seine Hand im Spiel gehabt zu haben. Wir sind zutiefst zerrissene, paradoxe Wesen. Körper und Geist. Kosmos und Chaos.

Stammhirn und Großhirn. Himmel und Hölle. Liebestrieb und Todestrieb. Wir laufen unser ganzes Leben lang dem Glück nach – und das Glück rennt hinterher. Haben wir es trotzdem einmal erhascht, tun wir alles, um es möglichst dramatisch wieder zu zerstören. Jedes Kartenhaus hat einen zweifachen Sinn. Es erfordert höchstmögliche Konzentration beim Erbauen, und es liefert uns eine perverse Befriedigung, wenn wir es zum Einsturz bringen. Ein fertiges Puzzle ist nur noch langweilig. Lebenslänglich Friede, Freude, Eierkuchen ist ebenso unerträglich wie jeden Tag Champagner und Kaviar. Eine schöne, neue Welt vollkommener Harmonie? Eine Horrorvision.

Ach, Marlene, sing's noch einmal für uns:

> «Wenn ich mir was wünschen dürfte,
> käm ich in Verlegenheit,
> was ich mir denn wünschen sollte,
> eine schlimme oder gute Zeit.
> Wenn ich mir was wünschen dürfte,
> möcht ich *etwas* glücklich sein.
> Denn wenn ich gar zu glücklich wär,
> hätt ich Heimweh nach dem Trau-rig-sein.»

Wir tragen den Widerspruch in uns, ebenso wie den Wunsch zur Beseitigung aller Widersprüche. Was wiederum ein Widerspruch wäre.

Der Meister des Makabren, Edgar A. Poe, hat die Gespaltenheit des Menschen und seinen Hang zur Selbstzerstörung zutiefst empfunden. In seinem *Alb der Perversheit* heißt es: «Es gibt in der ganzen Natur keine Leidenschaft von so dämonischer Gewalt, wie sie ein Mensch empfindet, der schaudernd am Rande eines Abgrunds steht und solcherart dann einen Sprung erwägt. Auf einen Augenblick nur der Versuchung des *Gedankens* daran nachzugeben, heißt unrettbar verloren sein. Denn ruhige Überlegung drängt uns, davon abzusehen, und eben *darum*, sag ich, *können wir es nicht*. Wenn dann kein Freundesarm zur Stelle ist, uns zurückzuhalten, oder wenn es uns nicht gelingt, uns in jäher Anstrengung aller Kräfte rückwärts vom Schlunde weg niederzuwerfen, so springen wir – und springen ins tiefste Verderben.»

*

Apropos Verderben: Interessiert es Sie, was aus meinem Freund Edgar Fuchs geworden ist? Ja? Schön! Nein? Egal, ich erzähl's Ihnen trotzdem. Also, nach der Tragödie mit Theodora brauchte Edgar eine Therapie. Dort wurde er gründlich umgepolt. Und da er über das gewisse Etwas verfügte, hatte er auch bald wieder eine Freundin. Sie hieß Dorothea und vergötterte Edgar. Aber schon nagten neue Zweifel an ihm: Daß Dorothea ihn liebte, konnte jeder sehen; aber liebte sie ihn auch wirklich *um seiner selbst willen*? Vielleicht war sie ja nur hinter seinem Geld her. Er verschenkte alles, was er hatte, an die Armen. Dorothea liebte ihn deswegen nur um so mehr. Aber vielleicht liebte sie nur seinen Körper? Er wusch sich nicht mehr, ließ sich eine Riesenspinne ins Gesicht tätowieren und entmannte sich mit einem Fuchsschwanz. Sie liebte ihn trotzdem. Aber vielleicht, grübelte Edgar, tat sie es ja nur wegen seiner überlegenen Intelligenz? Er schoß sich eine Kugel durch den Kopf, die alle höheren Hirnfunktionen lahmlegte. Seitdem hat er das Seelenleben einer Auster. Dorothea pflegt ihn mit liebevoller Hingabe.

Aber liebt sie ihn nun wirklich *um seiner selbst willen*? Hat er denn sein Selbst nicht an die Wand gepustet? Vielleicht hat sie *ihn selbst* ja niemals geliebt, sondern immer nur ihren eigenen *Traum von der Großen Liebe*, das heißt im Endeffekt *sich selbst* … In der Liebe (und in der Philosophie) kann man sich halt nur auf eines verlassen, und das ist der Zweifel.

Zum Weiterlesen empfehle ich:
Im Labyrinth des Denkens von William Poundstone (Reinbek 1995).

3

DIE WAHRHEIT
oder
Leben in der Skinner-Box

«Der Wein ist stark, der König stärker, die Weiber noch stärker,
aber die Wahrheit am allerstärksten.» (Martin Luther)

Früher war alles ganz einfach. Da gab es die Bibel, und
die Bibel war Gottes Wort, und Gott war allwissend und
zu anständig, als daß er die Menschen hinters Licht geführt hätte. Daher enthielt jeder Satz der Bibel die lautere
Wahrheit, eine Wahrheit, die auch Nichtchristen aner-
kennen konnten; hieß es doch im Koran: «Er (Allah) hat
herabgesandt zu dir das Buch mit der Wahrheit, Erfüllung
dessen, was ihm vorausging; und vordem sandte Er herab
die Thora und das Evangelium als eine Richtschnur für
die Menschen.»

Man mußte Gottes Worte nur richtig übersetzen und
interpretieren. Und wenn auch vielleicht mal jemand be-
zweifeln mochte, daß Methusalem tatsächlich volle 969
Jahre alt geworden war, die großen Wahrheiten der Heiligen Schrift standen außer Frage, wurden sie doch jeden
Tag aufs neue durch die Erfahrung bestätigt: Die Erde
war eine Scheibe, die Frau war dem Mann untergeordnet,
und Gottes Wege waren unerforschlich.

Ein gutes Beispiel für Gottes Unberechenbarkeit bildete die Bibel selbst. Warum veröffentlichte er die Wahrheit in *geschriebener* Form, obwohl 99 Prozent der Welt-
bevölkerung Analphabeten waren? Hatte er ein Faible für
das Medium Buch, seitdem er mit eigenem Finger die
Zehn Gebote aufgezeichnet hatte? Oder wollte er auch

die Kinder aus dem Paradies vertreiben – in die Schule, wo sie mit der Orthographie auch die Orthodoxie lernen sollten?

Bei «Orthodoxie» fällt mir die Geschichte von Rehbein ein. Rehbein war unser Religionslehrer. Eines Tages las er uns etwas aus dem Neuen Testament vor. Jesus vor Pilatus. Jesus sagt: «Ich bin dazu geboren und in die Welt gekommen, daß ich für die Wahrheit zeugen soll. Wer aus der Wahrheit ist, der hört meine Stimme.» Und Pilatus, ganz skeptischer Römer, antwortet: «Was ist Wahrheit?»

«Wahrlich», salbaderte Rehbein, «wahrlich eine große Frage: Was *ist* Wahrheit?» Er klappte die Bibel zu und die Tafel auf. Da stand die Wahrheit: «REHBEIN IST EIN PFARRISÄER.» (Fortsetzung folgt.)

*

Was ist Wahrheit?

Wahrscheinlich steht jeder Mensch irgendwann vor dieser Frage. In der Regel wird ihm der gesunde Menschenverstand dann eine Antwort präsentieren, die sich etwa folgendermaßen anhört: «Eine Vorstellung oder Aussage ist genau dann wahr, wenn sie der Wirklichkeit entspricht.» Wenn ich mit einem Bekannten spazierengehe und er unterbricht mich und sagt: «Es fängt an zu regnen», dann halte ich die Hand auf und schaue zum Himmel. Hängen Regenwolken über uns und spüre ich Tropfen auf meiner Handfläche, dann sage ich: «Du hast recht. Es regnet *wirklich*.»

Diese Binsenwahrheit trägt in Philosophenkreisen auch den Namen «Abbild-Theorie». Selbst in der Formulierung eines gestandenen Philosophen wie Ludwig Wittgenstein ist sie problemlos nachzuvollziehen: «Wir machen uns Bilder der Tatsachen. Das Bild ist ein Modell der Wirklichkeit. Das Bild stimmt mit der Wirklichkeit überein oder nicht; es ist richtig oder falsch, wahr oder falsch. Um zu erkennen, ob das Bild wahr oder falsch ist, müssen wir es mit der Wirklichkeit vergleichen. Aus dem Bild allein ist nicht zu erkennen, ob es wahr oder falsch ist.»

Das klingt zwar plausibel, aber auch platt. Etwas spitzfindiger, meine ich, darf Philosophie schon sein. Schauen wir also genauer hin und fragen: «Wo, werter Herr Wittgenstein, finden wir denn die Wirklichkeit, mit der wir unser Bild vergleichen sollen?»

Ein konkretes Beispiel: Der Stuhl, auf dem ich sitze, erscheint mir massiv und stabil. Dabei – so behaupten die Physiker – besteht er aus Milliarden von überaus «luftigen» Atomen, die ihrerseits ein bewegtes Innenleben haben. Auch mein Hintern besteht, obwohl er sich nicht so anfühlt, zum größten Teil aus leeren Zwischenräumen und elektrischer Ladung, aus Quarks und mysteriösen Wechselwirkungen. Warum sinke ich nicht in den Stuhl ein, warum verschmelze ich nicht mit ihm zu einem *Androthron*? Und wie wird der Holzwurm im rechten Vorderbein die Tatsache registrieren, daß der Stuhl wackelt? Als *Weltbeben*? Wer nimmt den Stuhl so wahr, wie er «wirklich» ist, ich oder der Wurm?

Offenbar liegt die Wirklichkeit außerhalb unseres Bewußtseins. Alles, was wir von der Wirklichkeit wissen, muß durch die Kanäle unserer Wahrnehmung gegangen sein, durch die Sinnesorgane, die Nervenbahnen und die Raffinerie des Gehirns. Auf diesem Weg wird das Datenmaterial sortiert, gefiltert, verfremdet. Erst in unserem Kopf werden die diffusen Eindrücke in einem unvorstellbar komplizierten Prozeß zu einem Gesamtbild vereinigt. Was wir Wirklichkeit nennen, ist in Wahrheit immer nur eine *Vorstellung von Wirklichkeit*. Fledermäuse, Aliens und manche Geisteskranke nehmen die Welt ganz anders wahr.

Der Makrokosmos ist nicht weniger illusorisch als mein Stuhl: Wir schauen in den Winterhimmel und sehen das Sternbild des Jägers Orion. Auf der linken Schulter strahlt Beteigeuze (oder besser: *strahlte* vor 270 Jahren, denn so lange ist das Licht bis zur Erde unterwegs), am rechten Fuß leuchtet Rigel, der doppelt so weit von uns entfernt ist. Drei Sterne bilden den berühmten Gürtel. Aber befinden sich die Sterne wirklich dort, wo wir sie sehen? Oder wird ihr Licht vielleicht durch die Gravitation unsichtbarer Himmelskörper abgelenkt? Wir besteigen ein hyperschnelles Raumschiff, um die Sache aus der Nähe zu betrachten. Doch je dichter wir dem Orion auf den Pelz rücken, desto mehr löst seine Gestalt sich auf. Wenn wir endlich zwischen den Gürtelsternen hindurchrasen, existiert längst kein Gürtel mehr. Er ist nur ein Produkt der Perspektive.

Ein drittes und, wie ich finde, besonders beunruhigendes Beispiel: Der Psychologe Burrhus F. Skinner setzte je eine Taube in eine Reihe von Boxen. Diese waren so konstruiert, daß die Tauben zwar beobachtet werden konnten, selbst aber nur diejenigen Informationen von außen erhielten, die Skinner ihnen zukommen ließ. Hauptinformation waren die Futterkörner, die von einem Uhrwerk in gleichen Abständen in jede Box geworfen wurden. Nun bewegten sich die Tauben natürlich in ihren Boxen, sie liefen herum, lüfteten die Flügel oder putzten sich. Folglich traf das Hereinfallen des Futterkorns immer mit *irgendeiner* Bewegung zusammen. Früher oder später wollte es der Zufall, daß das Futterkorn zwei-, dreimal oder noch öfter bei *derselben* Bewegung einer Taube eintraf. Nun «lernte» die Taube: «Aha, wenn ich den rechten Flügel abspreize, kommt Futter. Ich werde also den rechten Flügel von jetzt an öfter abspreizen.» Obwohl das Uhrwerk unabhängig von den Bewegungen der Taube ablief, kam es nun immer häufiger zu dem erhofften Zusammentreffen. Schließlich hielt die Taube den Flügel *immer* abgespreizt, so daß *jedes* Futterkorn sie in dieser Haltung erwischte. Die Theorie der Taube hatte ihre Bestätigung gefunden. Skinners Experiment produzierte ausschließlich *verrückte* Tauben: Eine drehte sich fortwährend im Kreis, eine schwenkte pausenlos den Kopf, eine stand nur noch auf dem linken Bein.

Leben auch die Menschen in Skinner-Boxen? Mehr oder weniger. Wenn der Mensch von der Außenwelt isoliert wird, gestaltet er sich seine eigene Welt. Diktatoren, die keine Kritiker in ihrer Umgebung dulden, sind besonders anfällig für Realitätsverlust. Eine hermetisch abgeschlossene Sekte driftet automatisch in den Aberglauben. Selbst ganze Gesellschaften können den Verstand verlieren, siehe Hexenwahn, siehe Nationalsozialismus. Solche Systeme des Irrsinns interpretieren alle Fakten so, daß das jeweilige System erhalten und gefestigt wird. Es gibt nur ein Heilmittel gegen derlei «Wahrheiten»: eine möglichst uneingeschränkte Kommunikation.

Fazit: Wir verfügen nicht über eine objektive Realität, mit der wir unsere Bilder vergleichen könnten. Wir können lediglich überprüfen, ob sich eine neue Vorstellung mit der Gesamtheit unserer alten, als wahr akzeptierten Vorstellungen verträgt. Was im Widerspruch zu den gültigen Theorien steht, gilt gemeinhin als Irrtum oder Lüge.

Der Wahrheitsbegriff dieser sogenannten «Kohärenztheorie» (von lat. *cohaerere* – «zusammenhängen») bewährt sich auch in der Justiz. Weil die Wirklichkeit selbst nicht vorgeladen werden kann, hält man sich an Zeugen, an Gutachter, an Indizien. Passen die Aussagen des Angeklagten in das Puzzle, das man sich aufgrund der Beweismittel zurechtgelegt hat, so sagt er die Wahrheit. Passen sie nicht, so lügt er. Zwar gelingt es in den meisten Fällen, den wahrscheinlichen Tathergang zu rekonstruieren. Doch immer bleibt ein Rest von Ungewißheit. Den Zeugen, Gutachtern und Indizien dürfen wir vielleicht trauen, unserem eigenen Urteilsvermögen niemals.

Paradoxerweise wächst die Verzerrung mit der persönlichen Nähe. Je genauer wir jemanden kennen, desto befangener sind wir in unserem Urteil. Völlig unzuverlässig wird unsere Einschätzung da, wo wir selbst in das Geschehen verwickelt sind. Das ist das Thema des japanischen Filmklassikers «Rashomon»:

Ein Samurai ist tot. Der Bandit Tajomaru ist angeklagt, ihn ermordet zu haben. Doch war es wirklich ein Mord, was in dem geheimnisvollen Wald geschah? Und welche Rolle spielte die Frau des Samurai bei dem Verbrechen? Wurde sie von Tajomaru vergewaltigt? Oder hat sie sich ihm freiwillig hingegeben und anschließend die Tötung ihres Mannes verlangt? Akira Kurosawas preisgekrönter Film präsentiert vier widersprüchliche Darstellungen ein und desselben Geschehens. Jede der beteiligten Personen hat ihre eigene Sicht der Dinge, jede glaubt, die Wahrheit zu sagen, und die Wahrheit verflüchtigt sich in einem Geisterwald von Motiven.

Was ist Wahrheit?

*

Rehbein wischte die Tafel so ungestüm ab, daß das Wasser aus dem Schwamm spritzte. Dann wandte er sich um: «Wer war das?»

Schweigen im Walde.

Rehbein hielt uns eine Predigt. Über Ehrlichkeit, über Mut, und über die Verderbtheit des Lügners. Gott sehe alles. Die Lüge sei vom Teufel, wie ja schon dessen ursprünglicher Name *diabolus*, der «Verleumder», beweise.

Und wir dürften das achte Gebot nicht vergessen: «Du sollst nicht falsch Zeugnis reden wider deinen Nächsten.» Anschließend ging er durch die Reihen, blickte einem nach dem anderen inquisitorisch in die Augen und fragte: «Warst *du* das?» Offenbar glaubte er, der oder die Schuldige werde unter seinem Blick zusammenbrechen. Oder doch wenigstens rot anlaufen, die Antwort herausstottern, die Augen senken.

«Nein», sagte ich.

«Nein», sagten der Reihe nach alle anderen. Keiner brach zusammen. Keinem wuchs eine lange Nase. Jetzt stand der Großinquisitor vor Sabine «Biene» Sandmann. «Warst *du* das?»

Biene hielt seinem Blick stand und antwortete: «Nein.»

Er lächelte diabolisch und fragte: «Wirklich nicht? Ich kenn' doch deine Schrift! *Sag' die Wahrheit!*» (Fortsetzung folgt.)

*

Kinder und Narren sagen die Wahrheit. Auch Betrunkene schlucken Erkenntnisse, die sie *in vino* gefunden haben, nicht stillschweigend hinunter. Was nicht unbedingt *für* die Wahrheit spricht. Die Wahrheit sagen, das kann jedes Kind, jeder Idiot, jeder Wermutbruder. Um gut zu lügen, bedarf es der Intelligenz, der Phantasie und einer gewissen Menschenkenntnis. Nun ist die Lüge selbst natürlich nicht wahrhaftig: Sie tarnt ihren wahren Charakter durch allerlei Euphemismen: Kompliment, Make-up, Werbung, Höflichkeit, Maskerade, Schauspiel, Takt, Mode, Kultur, Romantik – alles Lüge, alles *make-believe* und fauler Zauber, alles Illusion und Vorspiegelung falscher Tatsachen.

«Aber der Kaiser ist ja nackt!» ruft das Kind im Märchen. Das Kind braucht dringend einen Therapeuten, damit es lernt, worauf es im wirklichen Leben ankommt:

nicht auf die Wahrheit, sondern auf die gesellschaftsfähige Lüge. Und daß das Glück keine Frucht vom Baum der Erkenntnis ist. Auch ein Glücksgefühl, das auf Illusionen beruht, ist wahres Glück.

Beim Poker und in der Politik steht die Wahrheit vollends auf verlorenem Posten. Jeder Wahlkampf ist ein Festival der Hochstapelei. In Tarifverhandlungen ist Bluffen Trumpf. «Die Sprache ist dem Menschen gegeben, damit er seine Gedanken verbirgt», sagte Talleyrand. Macchiavelli empfahl: «Ein kluger Fürst kann und darf sein Wort nicht halten, wenn er dadurch sich selbst schaden würde oder wenn die Gründe weggefallen sind, die ihn bestimmten, es zu geben. Auch hat es einem Fürsten noch nie an rechtmäßigen Gründen gefehlt, um seinen Wortbruch zu beschönigen.» Selbst Platon hielt die Propaganda-Lüge als Mittel der Politik für unverzichtbar. «Prawda» heißt «Wahrheit».

Sogar in der unschuldigen Natur ist Tarnen und Täuschen gang und gäbe. Mimikry und Somatolyse ermöglichen vielen Arten erst das Überleben. Für harmlose Insekten wie die Schwebfliege zahlt es sich aus, wenn sie durch eine gelb-schwarze Zeichnung Gefährlichkeit simulieren. Die verschiedenen Glühwürmchenarten senden unterschiedliche Lichtsignale aus. Das Weibchen der Art Photuris lockt durch eine falsche Kennung paarungsbereite Photinus-Männchen an, nicht um fremdzugehen, sondern um sie zu verspeisen. Das «Wandelnde Blatt», eine tropische Heuschreckenart, ist fast schon zu perfekt maskiert. Vor seinen eigentlichen Feinden, den Vögeln, geschützt, wird es bisweilen von ahnungslosen Pflanzenfressern angeknabbert.

Kurz: Die Wahrheit wird gelobt, die Lüge belohnt. Aber nur, sofern man ein guter Lügner ist.

*

«Sag' die Wahrheit!»

Rehbein fuhr seinen Zeigefinger aus und richtete ihn auf Bienes Himmelfahrtsnase: *«Die Wahrheit!»* – Biene schoß das Blut in den Kopf, und sie konnte die Tränen nicht mehr zurückhalten. Rehbein war schon auf dem Weg zum Lehrertisch. Er schlug das Klassenbuch auf und zückte seinen Füllfederhalter. Da meldete ich mich und rief: *«Ich* hab' das geschrieben! Ich hab' ihre Schrift nachgemacht.»

Rehbein schaute verdutzt: «Na gut, dann bekommst eben *du* den Tadel!»

«Darf ich fragen, warum? Die Pharisäer waren doch in Wahrheit ehrenwerte, strenggläubige Gelehrte. Erst die christliche Propaganda hat sie in Verruf gebracht. Für mich ist ‹Pharisäer› ein Kompliment.»

Rehbein gab einen gurgelnden Laut von sich und stürzte aus der Klasse. Biene Sandmann kam zu mir und versprach mir für die große Pause den Kuß, um den ich schon seit Wochen bettelte.

Wie bitte? Ob die Geschichte *wahr* ist? Spielt das nach den obigen Überlegungen noch eine Rolle für Sie? *Se non è vero, è ben trovato,* sagt der Italiener. «Wenn es nicht wahr ist, so ist es doch gut erfunden.»

Zum Weiterlesen empfehle ich:
Paul Watzlawick (Hg.): *Die erfundene Wirklichkeit* (München 1981).

4

DIE LIEBE

oder
Der bittersüße Dämon

«Love, love, love, love, love, love, love, love, love, love.»
(The Beatles)

Der Konfirmationsanzug war eingemottet, Matthäus,
Markus, Lukas und Johannes lagen in der Schublade. Die
modernen Evangelisten kamen aus Liverpool. Jede neue
Single war eine Offenbarung. Und jetzt dies: «All you
need is love, love, love, love is all you need. – Alles ist
möglich, wenn du nur liebst, alles ist erlaubt, wenn du nur
liebst. – Liebe, Liebe, Liebe ...»

Der Vierzehnjährige fand, alle Welt sollte an seinem
Erkenntnissprung teilhaben. Er nahm den Song auf, brachte
das Konfirmationstonbandgerät auf der Fensterbank seines
Zimmers in Stellung und beschallte die Elbmarsch. Bei
Westwind konnten selbst die DDR-Grenzer in den Genuß
der Liebespropaganda kommen. Doch nicht auf die Vopos
hatte er es abgesehen. Er träumte davon, ein Mädchen möge
sich in sein Kaff verirren, eine Märchenprinzessin mit der
Bestimmung, den Vogel aus dem Bauer zu lassen. Wenn
sie den Gesang vernähme, würde sie zum Fenster hinauf-
sehen, ihrer beider Blicke würden sich treffen – wie zwei
Blitze, die einander entgegenwachsen, um sich zwischen
Himmel und Erde zu vereinigen: Visueller Magnetismus,
telepathische Verschmelzung, Zungenkuß mit Streicher-
Crescendo, händchenhaltend zurück ins Paradies ...

*

Diese Vorstellung des Vierzehnjährigen von der Liebe ba-
sierte auf der klassischen Philosophie, entsprach sie doch
exakt jenem berühmten Mythos, der in Platons «Gastmahl» erzählt wird:

Am Anfang waren die Menschen kugelrund, mit vier
Beinen, vier Armen und zwei Gesichtern. Sie bewegten
sich radschlagend durch die Landschaft, indem sie ihre
acht Extremitäten wie Speichen ausstreckten. Die Kugelmenschen waren bärenstark und in sich vollkommen. Daher wurden sie übermütig und zeigten den Göttern den
Stinkefinger. Bis denen die Galle überlief. Sie hackten
jede Kugel in der Mitte durch und verstreuten die Hälften
über die Erde. Seitdem ist der Jammer groß. Denn «jeder
von uns ist nur das Halbstück eines Menschen ... und
sucht beständig das ihm entsprechende Gegenstück». Die
Schnittstellen am Körper sind unsichtbar, aber die seelische Wunde verheilt niemals, es sei denn, eine Märchenprinzessin verirrt sich in das Dorf einer halben Portion:
«Fügt es sich nun, daß ein Liebender ... auf seine eigene
Hälfte trifft, dann werden sie von wunderbaren Gefühlen
der Freundschaft und Vertraulichkeit und Liebe ergriffen
und möchten am liebsten keinen Augenblick voneinander
lassen ... Seinen Grund hat das in unserer ursprünglichen
Natur: wir waren einmal ganze Wesen. Das Begehren also
und das Streben nach dem Ganzen ist es, was man Liebe
(*éros*) nennt.»

Mythen sind gewöhnlich nicht aus der Luft gegriffen.
Oftmals reflektieren sie in verfremdeter Form ein histo-
risches Ereignis. Und in der Tat hat jeder Mensch eine
Urspaltung hinter sich. Ich persönlich muß das Ereignis
verschlafen haben, deshalb lassen wir eine Patientin des
Psychiaters R. D. Laing zu Wort kommen:

«Ich war in der Steißlage; aber sie drehten mich herum,
dann zerrten sie mich mit der Zange heraus – ich spüre

immer noch, wie der Schmerz die rechte Seite heraufzieht
… schließlich kam ich heraus. Es war verdammt schwer
gewesen, aber mir gelang trotzdem noch ein Lächeln.
Dann durchtrennten sie die Schnur. Da wußte ich endgültig, daß die Scheißtypen Ernst machten.»

So was prägt. Wir suchen zeitlebens einen Körper, mit
dem wir wieder verschmelzen können, sei es der Körper
der Mutter, an den sich das Kleinkind klammert, sei es
der Körper der oder des Geliebten, von dem man nicht
genug bekommen kann, sei es der Körper einer singen-
den, brüllenden, marschierenden Gemeinschaft, in der
die Einzelpersönlichkeit lustvoll aufgeht. Wiedervereinigung ist Glück. Und jede Trennung reißt die alte Wunde
wieder auf. Wer ist unglücklicher als das Kind, das im
Gewimmel des Warenhauses seine Mutter verloren hat
und nun, schluchzend und «Mamaaaa!» schreiend, durch
die Gänge irrt? Der Familienvater vielleicht, der abends
nach Hause kommt und in der ausgeräumten Wohnung
einen lakonischen Abschiedsbrief vorfindet? Der Exkom-
munizierte, der mit einem Steinhagel aus seiner Heimatstadt gejagt wird? In jedem Fall kann Liebe helfen, das
Trauma der Trennung zu überwinden.

Wenn wir die Wurzeln der Liebe in der Geburt orten,
dann ist es nur logisch, daß die Liebe uns zwei Gesichter
zeigt: das kindliche des Begehrens und Verehrens, das
mütterliche des Gewährens.

Ersteres ist nirgends faszinierender ausgeleuchtet als
im «Gastmahl». Nachdem der Komödiendichter Aristo-
phanes den Mythos von den Kugelmenschen erzählt hat,
ergreift Sokrates das Wort. Seiner Meinung nach ist Eros
ein *daímon*, eine Art rasender Engel, der zwischen Göt-
terreich und Menschenwelt vermittelt. «Denn Gott naht
nicht unmittelbar dem Menschen, sondern durch die Ver-
mittlung des Dämonischen vollzieht sich aller Umgang

und alle Zwiesprache der Götter mit den Menschen, im Wachen wie im Traum.»

Der rastlose *daímon* weckt in den Menschen die Sehnsucht nach dem Schönen (das in der klassischen Vorstellung mit dem Guten und Wahren identisch ist). Doch es genügt den Verliebten nicht, das Schöne zu besitzen, sie wollen sich auch in ihm fortpflanzen. «Alle Menschen tragen Samen in sich, im Leib und in der Seele, und wenn sie in ein bestimmtes Alter kommen, begehrt unsere Natur zu erzeugen.» Die Fortpflanzung hat einen tieferen Sinn. Sie bedeutet für die Menschen die größtmögliche Annäherung an das ewige Leben. Liebe hat also immer auch die Unsterblichkeit im Sinn, sie ist ein Ausbruchsversuch aus dem Gefängnis der Zeit.

Wenn ein Mann nun vom körperlichen Eros ergriffen wird, sucht er sich eine Frau, um zusammen mit ihr Nachkommen zu produzieren, die Garanten für ein Weiterleben nach dem Tode – zumindest in Gen-Gestalt. Wer vom geistigen Eros besessen ist, der verewigt sich in schöpferischen Leistungen. Welches von beiden der Philosoph vorziehen sollte, ist für Platon keine Frage. Letzten Endes geht es ihm um die Liebe zum Ideal. Dorthin gelangt der Mensch, indem er die fünf Stufen einer Initiationsleiter hinaufsteigt. Der Novize im Mysterium der Liebe verguckt sich in einen bestimmten schönen Körper (1). Es folgen die Liebe zur körperlichen Schönheit überhaupt (2), die Liebe zur Seelenschönheit (3), die Liebe zu schönen Erkenntnissen und Handlungen (4). Auf der obersten Stufe schließlich – und hier berühren wir fast schon die Sphäre der Götter – schaut der Philosoph die Idee der Schönheit (5). «An diesem Punkt des Lebens lohnt sich, wenn überhaupt irgendwo, das Dasein für den Menschen: im Schauen des Schönen an sich.»

Das klingt reichlich abgehoben, und in der Tat liegt der

Rede des Sokrates die esoterische Lehre der Eleusinischen Mysterien zugrunde. Die Steigerung der Liebe ins Religiöse ist jedoch in vielen Kulturen gängige Praxis. Denken wir nur an das Kamasutra, die Liebesschule des hinduistischen Tantrismus, und die davon inspirierten erotischen Tempelreliefs. Oder denken wir an die mystische Liebeserklärung im Hohelied Salomons: «Siehe, meine Freundin, du bist schön! Siehe, schön bist du! Deine Augen sind wie Taubenaugen hinter deinem Schleier, dein Haar ist wie eine Herde Ziegen, die herabsteigen vom Gebirge Gilead. Deine beiden Brüste sind wie junge Zwillinge von Gazellen, die unter den Lilien weiden. Du bist wunderbar schön, meine Freundin, und kein Makel ist an dir.»

Insofern ist der Eros des Sokrates zutreffender als das Kugelmenschenmodell. Nicht unseresgleichen suchen wir, wenn wir lieben, wissen wir doch nur allzugut, was für erbärmliche Bastarde wir sind – großartig in unseren Möglichkeiten, Nieten in der Verwirklichung. Wir suchen im anderen das höhere Wesen, das uns zu sich hinaufziehen kann, das uns zu unserem besseren Ich erziehen kann, sei es im Arztroman der Halbgott in Weiß, sei es für den Minnesänger die Hôhe Frouwe, die ihm vom Altan herab ein Lächeln schenkt. Wer liebt, will bewundern, will anbeten. Die Märchenprinzessin des Vierzehnjährigen trug, wenn ich mich recht entsinne, einen Heiligenschein aus Goldhaar, und was ihr Erdbeermund versprach, war nicht eine «offene Zweierbeziehung», sondern die Erlösung.

*

Und damit entschleiert sich uns das zweite Gesicht der Liebe, das gütige Antlitz der Lady Madonna. Diese Liebe entbehrt nichts, noch begehrt sie etwas für sich. Sie erfüllt sich, indem sie sich verschenkt. Sie wendet sich nicht bevorzugt dem zu, was aufgrund seiner Schönheit liebenswert ist, sondern verteilt das Licht und die Wärme ihrer Gnade selbstlos über die ganze Welt. Selbst das an sich Häßliche und Wertlose wird durch ihren Abglanz liebenswert.

Dieser Liebe gelten die berühmten Zeilen aus dem Paulus-Brief: «Die Liebe ist langmütig und freundlich, die Liebe eifert nicht, die Liebe treibt nicht Mutwillen, sie blähet sich nicht, sie stellet sich nicht ungebärdig, sie suchet nicht das Ihre, sie läßt sich nicht erbittern, sie rechnet das Böse nicht zu, sie freuet sich nicht der Ungerechtigkeit, sie freuet sich aber der Wahrheit; sie verträgt alles, sie glaubet alles, sie hoffet alles, sie duldet alles. Die Liebe höret nimmer auf.»

Es versteht sich von selbst, daß diese Liebe nichts mit den Keimdrüsen zu tun hat. Um Mißverständnisse zu vermeiden, hat das Neue Testament ihr deshalb – zur Unterscheidung vom dämonischen Eros – den braven Namen *agápe* gegeben. Die *agápe* bestimmt das Verhältnis der Eltern zu ihren Kindern, oder sollte es doch tun. Sie ist im christlichen Verständnis auch die Liebe Gottes zu den Menschen, und drittens die Nächstenliebe, die im Mitmenschen – selbst im Feind, selbst in einem durchgefrorenen Zeitungsjungen – den Bruder erkennt.

Der Zeitungsjunge kommt in einen Coffee-Shop, um sich aufzuwärmen. Er hat Sommersprossen, runde Kinderaugen und auf dem Kopf eine Lederkappe, wie sie die ersten Flieger trugen. Ein Tramp, der allein an der Bar hockt, winkt ihn heran und sagt, nachdem er ihn ruhig betrachtet hat: «Ich liebe dich.»

Der Barkeeper versteht *éros*: «Er ist minderjährig.»

Aber der Tramp meint *agápe*, was deutlich wird, als er seine Geschichte erzählt. Seine Frau, die er über alles liebte, hat ihn verlassen, vor langer Zeit schon. Mit dieser Frau hat er auch den Glauben an die Liebe verloren. Lange Jahre ist er untröstlich durchs Land gezogen. Irgendwann aber ist ihm klargeworden, daß der Fehler bei ihm gelegen hat, daß er sich nämlich, ohne eine Ahnung von der Liebe zu haben, gleich an das anspruchsvollste Objekt gewagt hat, an eine Frau. Seitdem lernt und übt er die Liebe. Er hat bei den einfachsten Objekten angefangen – «ein Baum, ein Felsen, eine Wolke» – und sie so lange betrachtet, bis die Liebe in ihm aufkeimte. Ein Goldfisch im Glas war das erste Tier, das er liebte, und jetzt ist er fast am Ziel angekommen. «Ich sehe eine Straße mit vielen Menschen, und ein schönes Licht erfüllt mich. Ich beobachte einen Vogel in den Lüften. Oder ich begegne einem Wanderer auf der Landstraße – einerlei, was, mein Sohn, und einerlei, wer es ist. Alles ist fremd, und alles liebe ich.»

Wer ist der vollkommene Liebhaber: der wunderliche Tramp in dieser Erzählung von Carson McCullers oder Platons vergeistigter Priesterphilosoph, der sich an der Vorstellung der abstrakten Schönheit weidet?

*

Oder hat all das mit *wirklicher* Liebe überhaupt nichts zu tun? Ist Liebe, wie sie 99,9 Prozent der Menschen erleben, nicht viel prosaischer, viel praktischer – und viel problematischer? Ja, sagt der gesunde Menschenverstand. Höchste Zeit, daß wir uns aus dem Wolkenkuckucksheim der Metaphysik abseilen. Willkommen in der Doppelhaushälfte!

Wenden wir uns also der dritten klassischen Form der Liebe zu, der partnerschaftlichen Liebe *(philía)*, wie Aristoteles sie verstand. Auf den ersten Blick scheint sie keinerlei Geheimnis zu bergen: «Die Freundschaft und Liebe zwischen Mann und Weib ist naturgegeben ... Sie helfen einander, indem jeder seine Gabe in den Dienst der Gemeinschaft stellt. Dadurch kommt auch der Gesichtspunkt des Nutzens und der Lust in dieser Freundschaft zur Geltung. Und alles ruht auf der Tugend, wenn die Partner anständige Menschen sind: jeder hat seinen Vorzug, und daran haben sie ihre Freude.»

Die Liebe, die in einer partnerschaftlichen Verbindung gedeiht, ist nicht so konstant auf dem sexuell-spirituellen Ego-Trip wie der *éros* – außer vielleicht im Wahnsinn der ersten Wochen und Monate, wenn der Prozeß abläuft, den Stendhal als «Kristallisation» beschrieben hat, wenn nämlich die rosarote Brille der Liebe das Bild des Partners dermaßen idealisiert, daß die wahre Persönlichkeit wie unter einer Schicht von Zuckerguß verschwindet. Andererseits ist die partnerschaftliche Liebe auch nicht so absolut selbstlos wie die christliche *agápe* – außer vielleicht, wenn einer der Partner auf der Intensivstation liegt.

Die *philía* hat Anteil an den beiden idealen Extremen der Liebe, ihren Kern macht jedoch etwas anderes aus: die elementare Freude am bloßen Zusammensein. «Liebe», schreibt Stendhal, «ist das Vergnügen, ein liebenswertes, uns liebendes Wesen zu sehen, zu berühren, mit allen Sinnen und darum in nächster Nähe zu fühlen.» Im Laufe der Zeit kommt der Stolz auf das, was man gemeinsam auf die Beine gestellt hat, hinzu, sowie die Sorge um das, was man gemeinsam auf die Wickelkommode gelegt hat: «Die Kinder bedeuten ein gemeinsames Gut, alles Gemeinsame aber bindet», bestätigt Papa Aristoteles.

In der *philía* ist das Ganze mehr als die Summe seiner Teile, und das macht sie ökonomisch hochinteressant: Beide Partner zahlen Liebe auf das gemeinsame Konto ein, und beide heben Liebe ab. Die Partnerschaftsbank aber gewährt so hohe Zinsen, daß beide erheblich mehr abheben können, als sie eingezahlt haben. Die *philía* ist kein Nullsummenspiel, eine Erfahrungstatsache, die der Volksmund auf den Punkt bringt: «Geteiltes Leid ist halbes Leid, geteilte Freude ist doppelte Freude.»

Aber halt! Wenn die Liebe so einfach und lohnend ist, wie kommt es dann, daß immer mehr Ehen geschieden werden und die Zahl der Single-Haushalte kontinuierlich zunimmt? Die Antwort ist paradox: Die Praxis der Liebe schwindet im gleichen Maße, wie ihre Theorie zunimmt. Es ist allgemein bekannt, daß Literaturkritiker miserable Schriftsteller sind. Es ist genauso wahr, daß professionelle Pädagogen als Eltern oft versagen, weil ihnen die Unbefangenheit fehlt. Genauso ist es mit der Liebe. Wir haben fünf Dutzend Bücher zum Thema Partnerschaft gelesen, uns dreihundert einschlägige Talk-Shows reingezogen, an Tausenden von Diskussionen teilgenommen, kurz: wir sind Experten geworden, wir wissen genau, wie die Partnerschaft aussehen *sollte*, wir können auch prächtig über das Zusammenleben fachsimpeln, aber wir wissen nicht mehr, wie's geht. «Wie schaffst du es eigentlich, daß du nicht ins Stolpern kommst?» fragte die Kröte den Tausendfüßler, worauf der prompt auf die Nase fiel. Schwierige Dinge bringt man am besten unbewußt zustande. Die Theorie ist der natürliche Feind der Praxis.

Das dürfte auch *ein* Grund dafür gewesen sein, daß Arthur Schopenhauer, der Autor einer hochintelligenten «Metaphysik der Geschlechtsliebe», so unromantisch scheiterte, als er um die kleine Flora Weiß warb (er war dreiundvierzig, sie siebzehn). Bei einer Kahnpartie auf einem Berliner See reichte er dem Mädchen Weintrauben. Und die arme Flora? «Ich wollt' sie aber nicht haben. Mir war's eklig, weil der olle Schopenhauer sie angefaßt hat, und da ließ ich sie so ganz sachte hinter mir ins Wasser gleiten.»

Bevor es uns ähnlich ergeht, hören wir an dieser Stelle auf, über die Liebe zu philosophieren. Man braucht, um zu lieben, nicht zu *wissen*, was Liebe ist. Wie gesungen: «*All you need ist love, love, love, love is all you need.*»

Zum Weiterlesen empfehle ich:
Liebesbriefe.

5

DIE EINSAMKEIT

oder
Der Mann, der Inseln liebte

«Wer einsam ist, der hat es gut, weil keiner da, der ihm was tut.» (Wilhelm Busch, Junggeselle)

«O Einsamkeit! Du meine Heimat Einsamkeit! Wie selig und zärtlich redet deine Stimme zu mir!» (Friedrich Nietzsche, Junggeselle)

«Einsamer sucht Einsame zum Einsamen.» (Kontaktanzeige)

Die Weisheit ist ein Kind der Einsamkeit. Deshalb scheut der Philosoph das Team. Eine bescheidene Büchergrotte ist ihm tausendmal lieber als ein Großraumbüro. Am wohlsten und am stärksten aber fühlt er sich allein mit der Natur, in den Bergen, in der Wüste, auf einer abgelegenen Insel. Hier lauscht er, ungestört vom Gerede seiner Mitmenschen, der inneren Souffleuse, hier schöpft er aus dem Brunnen der Ruhe die Seelenkraft, die ihn im öffentlichen Leben einen kühlen Kopf und ein aufrechtes Herz bewahren läßt, hier begegnet er allenfalls den anderen Kindern der Einsamkeit: dem Künstler und dem Propheten.

Ich weiß, ich weiß: *Nicht jeder* Philosoph ist ein Eigenbrötler, und selbst Schopenhauer, von dem die Weisheit stammt: «Ganz er selbst sein darf jeder nur, solange er allein ist» – selbst der eingefleischte Einzelgänger Schopenhauer ging am liebsten in Gesellschaft seines Pudels aus. Andererseits kann natürlich auch der geselligste Mensch einem einsamen Strand, dem Schweigen im Walde und ganz besonders einer leeren Autobahn etwas abgewinnen. Jeder von uns hat eine philosophische Ader;

nur ist es bei dem einen ein Kapillargefäß am kleinen Zeh, beim andern eine Puls- oder Krampfader.

Die Frage, ob jemand Philosoph ist oder nicht, läßt sich also nur quantitativ beantworten. Doch ich bleibe dabei: *ein* Charakteristikum des Mehr-Philosophen ist es, daß er seine Einsamkeit dem Zusammensein mit den Weniger-Philosophen vorzieht und jenem alten Römer beipflichtet, der behauptete: «Nie bin ich weniger allein, als wenn ich allein bin.»

*

Die Berge sind mir zu hoch, die Wüste ist mir zu heiß – aber ich liebe Inseln. Ich träume von Inseln. In ihren geheimnisvollen Namen – Mauritius, Bali, Tristan da Cunha, Helgoland – höre ich die Brandung an die Felsen schlagen und die schrillen Rufe der Seevögel. Ich war ein Inselbewohner, lange bevor ich meine erste Insel betrat. Robinson Crusoe wurde an einem 30. September, seinem Geburtstag, an den Strand einer einsamen Insel gespült. Und es war ein 30. September, an dem es mich aus dem Gewoge des Uterus an die ungemütlichen Gestade des Einzeldaseins verschlug. Zufall? Aber warum fühlte ich mich dann als Kind auf Stevensons «Schatzinsel» so viel heimischer als in der norddeutschen Tiefebene?

Später sollte ich reale Inseln kennenlernen: Valentia Island vor der Südwestküste Irlands, Ko Samed im Golf von Thailand, selbst Wangerooge und Norderney versetzten mich in Hochstimmung. Die Südsee ist bis jetzt ein Traum geblieben. Eine Toteninsel wie die von Böcklin – oder die von Diana, Princess of Wales – erscheint mir als letzte Ruhestätte außerordentlich reizvoll.

«Kein Mensch ist eine Insel», schrieb der «metaphysische» Dichter John Donne – vielleicht etwas zu hastig. Denn wer sich auf einer Insel begraben läßt, wird nach und nach ein Teil von ihr. Zumindest auf molekularer Ebene gehen wir ja alle den Weg «zurück zur Natur». Jean-Jacques Rousseau, der Prophet der romantischen Naturempfindung, wurde 1778 auf der «Pappelinsel» im See des Schloßparks von Ermenonville beigesetzt. So ruhte er im Tode (bis er während der Revolution exhumiert und nach Paris überführt wurde) an einem Ort, der sein ganzes Leben widerspiegelte: auf einem idyllischen Eiland, *ganz für sich*.

Legen wir ein paar Gedenkminuten für diesen Philosophen ein! Er hat es verdient. Wenn es eine Hitliste der einflußreichsten Denker aller Zeiten gäbe, würde Rousseau unter den Top Ten rangieren, und kaum einer hat das Thema Einsamkeit leidenschaftlicher reflektiert als er.

*

Es war ein erstaunliches Leben: Rousseau wurde 1712 in Genf geboren. Er hat nie eine Schule besucht, von einer Universität ganz zu schweigen. Mit sechzehn warf er seine Lehrstelle hin und ging nach Frankreich. Zwanzig Jahre schlug er sich mehr schlecht als recht durch, als Musikant, als Hauslehrer, als Sekretär. Er ließ sich treiben, nahm allerlei Projekte in Angriff und studierte im Buch des Lebens. Die ganze Zeit beherrschte ihn das diffuse Unbehagen eines Menschen, der noch nicht weiß, was er eigentlich will.

Dann kommt das Jahr 1750, und mit ihm der Befreiungsschlag. In einem rotzfrechen (und haarsträubend unwissenschaftlichen) Essay leugnet Rousseau, daß Wissenschaft und Kultur den Menschen verbessert hätten. Sie würden ihn im Gegenteil nur seiner ursprünglichen Natur entfremden, und diese Natur sei edel und rein.

Das war ein Tritt vors Schienbein der philosophischen Aufklärung, die das Jahrhundert bis dahin intellektuell beherrscht hatte. Ihre Vertreter, allen voran Voltaire, glaubten an die Segnungen von Bildung, Wissenschaft und technischem Fortschritt. Und nun kam ein dubioser Provinzler daher, schmierte ein provokatives Pamphlet herunter – und traf damit den Nerv der Zeit! Die Akademien und Salons reagierten teils wütend, teils verzückt. Rousseau war der letzte Schrei.

Und nun geschieht das zweite Wunder. Ein Zyniker hätte Kapital aus diesem Sensationserfolg geschlagen und sich für den Rest seines Leben finanziell saniert. Die Könige und Fürsten der Zeit rechnen es sich ja zur Ehre an, die Heroen des Kulturbetriebs komfortabel zu versorgen. Aber Rousseau will keine Pension und keine Pfründe. Er kommt auf die abenteuerliche Idee, seine Ideale tatsächlich *verwirklichen* zu wollen. Er will ein beispielhaftes Leben führen, bescheiden in den Ansprüchen, im Einklang mit der Natur, ehrlich bis zum Exzeß. Er will einer Gesellschaft, die er als abgehoben und verdorben empfindet, den Spiegel der Schlichtheit vorhalten. Und er will Bücher schreiben, die seine Botschaft unters Volk bringen sollen. Um nicht auf den Verkaufserfolg seiner Werke angewiesen zu sein, verdient er sich den Lebensunterhalt mit dem Kopieren von Noten, ein hartes Brot.

Das dritte Wunder: Jedes der Bücher, die Rousseau in den nächsten Jahren veröffentlicht, schlägt ein wie eine Bombe. Er schreibt einen Roman – und die *Julie* wird *der* Roman des Jahrhunderts. Er schreibt eine politische Utopie – und *Der Gesellschaftsvertrag* wird das Programmheft der Französischen Revolution. Er schreibt einen Essay über Kindererziehung – und der *Émile* wird ein Meisterwerk, das sogar Kant aus dem seelischen Gleichgewicht bringt und bis heute kaum etwas von seiner faszinierenden Frische eingebüßt hat. Er schreibt schließlich seine Autobiographie – und produziert (posthum) einen Skandal, weil er es als erster Autor gewagt hat, sich einer umfassenden, das Sexuelle nicht aussparenden Psychoanalyse zu unterziehen.

Um das Phänomen Rousseau voll würdigen zu können, muß man ihn mit seinem großen Gegenspieler Voltaire vergleichen. Dessen Werke erscheinen heute bestenfalls zeitgebunden, schlimmstenfalls albern. Selbst der vielzitierte «Candide» ist nur ein ausgewalzter Witz. Rousseau dagegen ist eine Herausforderung und ein Genuß geblieben. Er ist einer der großen Zeitlosen, eine unerschöpfliche Quelle der Inspiration. So weit, so gut.

*

Rousseaus Lebensweise hatte einen Nachteil: Sie führte den Philosophen immer tiefer in die «Verinselung», in die *Isolation* (von ital. *isola* = «Insel») – seelisch, zeitweise auch räumlich:

1765 – James Watt bastelte gerade die erste Dampfmaschine zusammen, und an der Universität Leipzig immatrikulierte sich ein junger Mann namens Goethe – war Rousseau auf der Flucht vor den französischen Behörden. Katholische Kirche und Pariser Gerichtshof hatten seinen *Émile* verboten, weil das Buch «die Grundlagen der christlichen Religion zerstöre». Ein Kapitalverbrechen. Selbst in seiner Schweizer Heimat war der Philosoph nicht sicher vor Verfolgung. In dem Bergdorf Môtiers, wo er zeitweilig Asyl gefunden hatte, rotteten sich die Bauern zusammen und bewarfen sein Haus mit Steinen. Rousseau, das Schicksal des Sokrates vor Augen, ergriff die Flucht und zog sich auf die Petersinsel im Bieler See zurück. Ein idyllisches Fleckchen Erde, auf dem nur ein einziges Haus stand. Dort verbrachte er, allen Existenzsorgen zum Trotz, einige traumhafte Wochen. In seinen Erinnerungen schreibt er: «Ich halte diese zwei Monate für die glücklichste Zeit meines Lebens ... Alles, was ich während meines Aufenthalts unternahm, war in der Tat nichts anderes als die köstliche und notwendige Beschäftigung eines Menschen, der sich dem Müßiggang ergeben hat ... Da ich keine Arbeit mehr beginnen wollte, welche Mühe kostete, brauchte ich eine zur Unterhaltung, die mir gefiel und mir nur so viel Mühe verursachte, als ein fauler Mensch gern übernimmt.» Rousseau kam auf die Idee, die Pflanzenwelt der Insel zu erkunden. Wenn er müde vom Botanisieren war, ruderte er auf den See hinaus. «Dort streckte ich mich der Länge nach im Boot aus, die Augen gen Himmel gerichtet, und ließ mich manchmal mehrere Stunden lang vom Wasser hin- und hertreiben, in tausend verworrene, aber köstliche Träumereien versunken.»

*

Wir gestatten uns eine Zwischenfrage: Warum fühlt sich der Philosoph so glücklich auf der Insel? Und was ist das überhaupt, eine Insel?

Die Insel ist vom Rest der Welt abgeschnitten. Sie ist ein Kosmos für sich. Auf der Insel gehen die Uhren anders. Die ideale Insel richtet sich nicht nach Fahr- oder Dienstplänen. Anstelle der Stechuhr herrschen Jahreszeiten und Witterung, Ebbe und Flut.

Die Insel ist endlich und überschaubar, sie hat einen Rand, den man abschreiten kann. Das ist sehr wichtig! Ich selbst fühle mich erst dann auf einer Insel zu Hause, wenn ich sie einmal ganz umrundet habe. Das muß an einem Tag möglich sein, sonst handelt es sich für mein Empfinden nicht mehr um eine Insel. Auch die Zahl der Bewohner muß sich in Grenzen halten. Auf einer richtigen Insel kennt jeder jeden. Die Haustüren werden nicht abgeschlossen. Die Insel ist ein Ort des Vertrauens.

Die Insel ist ein Stück Land in der Gewalt des Wassers. Die Klippen erbeben, wenn sich die Sturmfluten an ihnen brechen. Der Wind ist feucht und salzgeschwängert. Die Monumente der Zivilisation zerfallen auf der Insel rascher als auf dem Festland, die Elemente gebärden sich launisch und ungezähmt.

Abgeschiedenheit in der Weite, idyllische Geborgenheit, Offenheit für die Natur – all das macht die Insel zu einem Spiegel des romantischen Menschen. In ihr entdeckt er sich selbst, als Individuum abseits der Gesellschaft, als in sich ruhendes, in sich stürmendes Ich.

*

Aber wenn Rousseau Inseln so toll und romantisch fand, was war dann so übel an der *Isolation*?

Betrachten wir die Kehrseite der Medaille: Weiß Gott nicht alle Inseln erfreuen sich eines guten Rufes. Ich spreche nicht von Mallorca, ich meine Orte wie die Teufelsinsel, Sachalin oder Alcatraz, deren Namen zu Metaphern der Hoffnungslosigkeit geworden sind. Wenn die Verbindung zum Festland abreißt oder durch Zwang abgebrochen wird, verwandelt sich das Asyl der Unabhängigkeit in ein ausbruchsicheres Gefängnis. Nicht nur die Seligen, auch die Verdammten leben auf einer Insel.

So ist es auch in der Seele.

Die Weltflucht wird zum Verhängnis, wenn man vergessen hat, eine Rückfahrkarte zu lösen. Psychologen sprechen in diesem Zusammenhang von einer schizoiden Persönlichkeit. Der Schizoide tut alles, um sich das zu erhalten, was er seine Unabhängigkeit nennt. Er verbarrikadiert sich gegen die Gefühle anderer und erdrosselt die eigenen. D. H. Lawrence hat die Entwicklung eines Mannes beschrieben, der sich aus Menschenscheu auf immer kleinere, immer kargere Inseln zurückzieht, bis er auf dem letzten Felseneiland gottverlassen den Tod erwartet: «Seine einzige Befriedigung kam ihm aus dem Gefühl, daß er vollkommen allein war und daß der Raum langsam in ihn eindrang, das graue Meer und die meerumspülte Insel unter seinen Füßen. Keine Berührung sonst, nichts Menschliches vor allem, das ihn berühren und ihm Grauen einflößen konnte. Nichts als Raum, neblig, zwielichtig, vom Meer umfangen: das war das tägliche Brot für seine Seele.»

«So bin ich denn allein auf dieser Erde», klagt der alte Rousseau, «habe keinen Bruder mehr, keinen Nächsten, keinen Freund, keine Gesellschaft außer mir selbst.» Wer nicht mit anderen spricht, verlernt die gemeinsame Sprache. Sein seltsames Gebaren erzeugt bei den Mitmenschen Unsicherheit und Abwehr. Am Ende steht ein paranoides Wahnsystem, das sich in wunderlichem Geraune und trostlosen Phantasien ausdrückt. Ein typisch schizoider Traum: «Da ist eine Festung aus Zementmauern mit wenigen kleinen Gucklöchern in einer riesigen Sandwüste; die Festung ist schwer bewaffnet und mit Lebensmitteln für Jahre ausgestattet; ich bewohne sie allein.»

*

Diese Traumkulisse läßt mich an den Mann denken, der am gleichen Tag wie ich Geburtstag hat: Das erste, was Robinson Crusoe nach seiner Rettung in Angriff nimmt, ist der Bau einer Palisadenfestung. «Diese Einfriedung war so stark, daß sie weder Mensch noch Tier hätte durchbrechen oder übersteigen können. Als Eingang diente keine Türe, sondern eine kurze Leiter, mit der man über den Zaun hinwegsteigen mußte. War ich drinnen, so zog ich die Leiter hinter mir hoch. Auf diese Weise glaubte ich mich vor aller Welt gesichert und schlief nachts völlig ruhig.»

Daniel Defoes *Robinson Crusoe* erschien 1719. Der Roman (nicht zu verwechseln mit dem kastrierten «Kinderbuch») beruht auf einer wahren Begebenheit. 1709 war Alexander Selkirk, ein schottischer Matrose, von der Pazifikinsel Juan Fernández – sie spielt übrigens auch in Rousseaus *Julie* eine Rolle – gerettet worden, wo er fünf einsame Jahre überlebt hatte. Ein weniger begabter, weniger reifer Autor hätte aus diesem Stoff einen platten Kolportageroman gemacht. Das Originelle und Geniale an Defoes Werk ist die innere Entwicklung des Helden. Der Ort der Verbannung wird für Robinson zum Ort der spirituellen Erlösung. Hier findet er zurück zu Gott, zurück zu sich selbst. Die Natur läßt die barbarische Maske fallen und gibt sich als liebevolle Mutter zu erkennen.

Kein Wunder also, daß Rousseau sich für den *Robinson Crusoe* begeisterte. Sein Modell-Zögling Émile sollte eigentlich ganz ohne Bücher aufwachsen. Nur bei *diesem einen* Buch machte Rousseau eine Ausnahme, zum einen wegen des erzieherischen Wertes: «Das sicherste Mittel, sich über Vorurteile zu erheben und seine Urteile nach den wahren Verhältnissen der Dinge zu richten, ist, sich in die Lage eines isolierten Menschen zu versetzen und über alles so zu urteilen, wie dieser mit Rücksicht auf seine eigenen Bedürfnisse urteilen muß.» Zum anderen erkannte Rousseau in dem Schiffbrüchigen sich selbst. Auch er fühlte sich von der Gesellschaft aus- und abgestoßen. Auch er hatte sein Glück in der freundlichen Natur gefunden. Den Platz von Robinsons Freund, dem braven Menschenfresser Freitag, nahm in Rousseaus Herzen das Dienstmädchen Thérèse Levasseur ein. Sie war gänzlich ungebildet, aber eine treue Seele, unfähig zur Verstellung. Selbst in seinem Äußeren eiferte Rousseau dem Romanhelden nach: Er trug eine Art Kaftan und eine Pelzmütze.

Nur auf den Sonnenschirm mit Ziegenfellbespannung verzichtete er.

*

Robinsons Entwicklung verläuft ganz anders als die von Mr. Cathcart, dem Helden aus Lawrences Erzählung *Der Mann, der Inseln liebte*. Cathcarts Persönlichkeit schrumpft zusammen und wird am Ende vom «Raum» geschluckt. Robinson dagegen ist ein Optimist. Als er wenige Tage nach dem Schiffbruch seine Lage abwägt, fällt ihm zu jedem unglücklichen Umstand ein tröstliches Gegenargument ein. Sein Elend hindert ihn nicht am Handeln. Er nimmt den Kampf ums Überleben auf – wie jener Frosch, der in den Rahmtopf gefallen war. Er schafft sich ein Heim, eine «Familie» von Tieren, eine feste Routine aus Arbeit und Freizeit. Und er baut sich ein neues, der Situation angemessenes Wertesystem. Der alte Robinson war auf der «Insel der Verzweiflung», wie er sie getauft hatte, ein bemitleidenswerter Gefangener. Der neue Robinson sagt von sich: «Ich war der Herr dieses ganzen Gebietes, und ich konnte mich, wenn es mir gefiel, König und Kaiser des ganzen Landes nennen, das ich in Besitz hatte.» Ja, sein Schiffbruch erscheint ihm – nach eifriger Bibellektüre – als göttliche Fügung. Nur auf diesem Wege konnte er dem verderblichen Einfluß der Gesellschaft entgehen. Es gelingt ihm, die Katastrophe als Segen zu interpretieren – und sie tatsächlich dazu zu machen. Indem er die Insel kultiviert, gestaltet er auch sein neues, besseres, stärkeres Selbst. Der Rahm wird zu fester Butter.

Auch Rousseau kultivierte seine Einsamkeit. Die Welt wollte ihn nicht verstehen? Man verleumdete ihn? Man riß Witze über ihn? Nun gut, dann würde er sich erklären, mit heiligem, nie erlahmendem Eifer. Kein Philosoph hat so hemmungslos sich selbst zum Thema gemacht wie Rousseau. Wie Sisyphos seinen Stein wälzt, versucht Rousseau sich selbst zu verstehen und verständlich zu machen.

Körperliche Leiden lassen sich heilen, indem man den gesunden Ausgangszustand wiederherstellt. Im Idealfall fühlt man sich danach, als sei nichts geschehen. Bei seelischen Krisen gibt es zwei Wege des Heils: den geordneten Rückzug und den Weg nach vorn, *durch die Krankheit hindurch*, zu einem neuen Selbst. Rousseau – ebenso wie Robinson – gelingt das Unwahrscheinliche. Indem er seine Isolation akzeptiert und ihr einen Sinn gibt, besiegt er sie. Nicht in Richtung auf die Gesellschaft überwindet er sie – das wäre ein Rückschritt –, sondern in Richtung Transzendenz, einer Transzendenz, die seinem Werk eine zeitlose Gültigkeit eingehaucht hat.

Auf der Petersinsel hatte Rousseau Pflanzen mit einem Vergrößerungsglas untersucht, um jede Einzelheit genau zu beschreiben. In seinen *Bekenntnissen* nahm er sich selbst unter die Lupe. «Ich will meinesgleichen einen Menschen in seiner ganzen Naturhaftigkeit zeigen, und dieser Mensch werde ich sein. Ich allein.»

In diesem «Ich allein» steckt der gleiche Stolz, der Robinson zum König seiner Insel macht. Ein Stolz, der nicht in der Anerkennung durch andere Menschen wurzelt. Ein Stolz, der nicht auf herausragenden Leistungen beruht. Dieses «Ich allein» ist das mächtige existentialistische Trotzdem, das Rousseau zu seinem unglaublichen Werk befähigte und seine Leser durch die Jahrhunderte immer wieder neu ergreift.

*

Noch eine abschließende Bemerkung: Heute ist es gängige Praxis, seelische Probleme dadurch lösen zu wollen, daß man die Gemeinschaft sucht, oder vielmehr die Nestwärme in der «Gruppe». Das offene Gespräch gilt als gesund, Schweigen als seelische Blockierung, beharrliches Schweigen als krankhaft. Nun mag das Sich-Aussprechen in vielen Fällen den Leidensdruck mildern und eine Heilung herbeiführen. Aber es gibt auch einen anderen Weg. Der Mensch ist *nicht nur* ein soziales Wesen, die zwischenmenschliche Beziehung ist kein Allheilmittel. Frühere Epochen waren sich darin einig, daß der Schlüssel zum wahren Glück in der Beziehung des Menschen zum Göttlichen liege. Materialismus und Psychoanalyse haben diesen Aberglauben entlarvt. Aber am Ende des zwanzigsten Jahrhunderts mehren sich die Zweifel, ob nicht vielleicht Freud und Marx auf dem Holzweg waren, als sie die Religion für überholt erklärten. Butterbrot und Orgasmus sind nicht alles. Der Mensch will mehr. Und er kann mehr. Er hat ein Potential in sich, das über alles hinausgeht, was die Gruppe leistet. Diese gewaltigen Kräfte werden jedoch erst dann freigesetzt, wenn der Mensch in die Einsamkeit geht, sich dem kosmischen Schweigen aussetzt und die Ewigkeit umarmt, so wie es Buddha, Jesus, die Wüstenväter, Rousseau, Nietzsche, Wittgenstein und unzählige andere vorgemacht haben. Sicher gibt es den krankhaften Rückzug aus der Gesellschaft, sicher gibt es den fruchtlosen Egotrip, aber genauso sicher gibt es die Expedition in die Einsamkeit, die bei ihrer Rückkehr einen spirituellen Schatz für alle mitbringt, und sei es nur der Widerschein des Wunders auf einem heiteren Gesicht.

Das ist jedenfalls meine Meinung. Die Meinung eines Inselmenschen.

Zum Weiterlesen empfehle ich:
Den *ungekürzten Robinson Crusoe* (München 1997) und Rousseaus *Émile* in der Übersetzung von Ludwig Schmidts (Paderborn 1971).

6

DIE ZIVILCOURAGE

oder
Wieviel Mumm
kann man von einem Menschen verlangen?

«Muß das Herz dir brechen, bleibe fest dein Mut!» (Adelbert
v. Chamisso)

Einige Jahre lang durfte ich als Lehrer unter den gestren-
gen Augen von Karl Jaspers wirken. Sein Porträt verlieh
der Aula des Alten Gymnasiums in Oldenburg eine gewisse altväterliche Weihe. Dem Philosophen gegenüber
hing der Theologe Rudolf Bultmann, auch nicht gerade
eine Stimmungskanone. So wurden meine Schüler, die
dort ihre Philosophie-Klausuren schrieben, gleich von
drei grimmigen Geistesriesen bewacht.

In derselben Aula hatte der Schüler Jaspers 1901 die
Abiturrede halten sollen. In der Sprache Ciceros, wie es
damals Usus war. Ein Galavorstellung der humanistischen
Gymnasialbildung vor versammelter Elternschaft. Jaspers
lehnte ab, «weil wir soviel Latein gar nicht gelernt haben,
daß wir lateinisch sprechen können. Diese künstlich vor-
bereitete Rede ist eine Täuschung des Publikums.»

Erstaunlich, daß man Jaspers überhaupt ausgewählt
hatte. Er war zwar Primus, galt aber als renitent und ei-
genbrötlerisch. Mit dem Direktor unterhielt er eine Pri-
vatfehde. Als seine Mitschüler sich in nationalistischen
Verbindungen organisierten, hielt er sich demonstrativ
abseits und erklärte: «Ich trete keiner Verbindung bei, ich
will nicht dazugehören.»

1901, das ist die Zeit des deutschen Hurra-Patriotismus.

In China schlagen Kaiser Wilhelms «Hunnen» den Boxer-aufstand nieder. In Südwest-Afrika massakriert teutonische Tapferkeit Herreros und Hottentotten. An der Heimat-front herrscht Euphorie. Man ist Weltmacht. Militärisches Denken ist groß in Mode. Auch an den Schulen.

Es gab fraglos viele Jungen, die das strenge Regiment genossen. Von Diederich Heßling, dem «Untertanen» Heinrich Manns, heißt es: «Denn Diederich war so be-schaffen, daß die Zugehörigkeit zu einem unpersönlichen Ganzen, zu diesem unerbittlichen, menschenverachten-den, maschinellen Organismus, der das Gymnasium war, ihn beglückte, daß die Macht, die kalte Macht, an der er selbst, wenn auch nur leidend, teilhatte, sein Stolz war. Am Geburtstag des Ordinarius bekränzte man Katheder und Tafel. Diederich umwand sogar den Rohrstock.»

Jaspers war anders erzogen. Sein Leitbild war der non-konformistische Vater, ein Bankdirektor, passionierter Jäger und Hobby-Aquarellist, der von sich sagte: «Ich ertrage keine Vorgesetzten.» Über sein Elternhaus schrieb der Philosoph: «Ohne Kirche, ohne Bezugnahme auf eine objektive Autorität, galt als das Böseste die Unwahrhaf-tigkeit. Und als fast ebenso schlimm: blinder Gehorsam. Beides darf es nicht geben! Daher war unser Vater unend-lich geduldig gegenüber meinem Widerstand. Wenn ich widersprach, kam nicht der Befehl, sondern die Begrün-dung, warum das vernünftig sei.»

Klar, daß er mit diesen Maximen im wilhelminischen Deutschland aneckte. Auch unter den Altersgenossen. «Während dieser Zeit haben mich auch meine Schulka-meraden im Stich gelassen. Sie hielten es mit dem Direk-tor. Immer wenn Differenzen waren, war ich der Stören-fried, der eigensinnige Mensch, der außerhalb stand.»

*

Mut hat viele Gesichter. Sokrates vor Gericht. Cortez in Tenochtitlan. Charlotte Corday an Marats Badewanne. Dürers *Ritter, Tod und Teufel*. Der grimmige Graf von Galen. Millionen längst vergessener Männer, Frauen und Kinder.

Das klassische Beispiel stammt aus der Antike. Herodot hat es ausgemalt: Ein Häuflein Spartaner unter König Leonidas verteidigt den Engpaß der Thermopylen gegen ein ganzes Heer von Persern. König Xerxes schickt Unterhändler: «Übergebt eure Waffen!» – Antwort: «Kommt her und holt sie euch!» – «Unsere Pfeile werden den Himmel verdunkeln.» – Antwort: «Desto besser! Dann kämpfen wir im Schatten.» Ein echter Vorteil im griechischen Juli.

Leonidas und seine Leute kämpften im Schatten, und sie fielen im Schatten. Nach drei Tagen waren alle 300 Spartiaten und die verbliebenen Hilfstruppen niedergemetzelt, aber die Perser hatten ein Vielfaches an Verlusten zu beklagen, und diese drei Tage hatten Griechenland gerettet. Ohne Leonidas wäre Sokrates als Sklave geboren worden. Die Griechen setzten den Helden ein Denkmal: «Wanderer, kommst du nach Sparta, so berichte dorten, du habest uns hier liegen sehen, wie das Gesetz es befahl.»

Mut, gepaart mit Gehorsam, hat zu allen Zeiten das Wohlwollen der Mächtigen erregt und den Weg in die Schulbücher gefunden. Tapferkeit ohne Gehorsam war immer suspekt. Auch der Revolutionär braucht kaltes Blut, auch der Berserker kämpft mit Todesverachtung, auch der Verbrecher scheut kein Risiko. Oder, wie im «Musenalmanach» von 1799 zu lesen war: «Mut zeigt auch der Mameluck, Gehorsam ist des Christen Schmuck.»

Seltsamerweise hat Gehorsam nie zu den Kardinaltugenden gehört, weder zu den klassischen vier (Gerechtigkeit, Tapferkeit, Weisheit und Maßhalten) noch zu den drei christlichen (Glaube, Liebe, Hoffnung). In der Kindererziehung aber, beim Militär und in der Kirche nimmt er eine Schlüsselposition ein. Adams Sünde war nicht Naschsucht, sondern Ungehorsam. Ziel der soldatischen Ausbildung ist (allen anderslautenden Sonntagsreden zum Trotz) eine gut geölte Kampfmaschine, die im Ernstfall nicht den Kategorischen Imperativ memoriert, sondern reibungslos funktioniert. Und Friedrich A. W. Diesterweg, ein einflußreicher Pädagoge des 19. Jahrhunderts, erhob den Gehorsam zur «Kardinaltugend des Kindes».

Jaspers war weder Revolutionär noch Verbrecher, und ein chronisches Lungenleiden verhinderte, daß er jemals zum Berserker wurde. Ungehorsam muß nicht Gesetzlosigkeit bedeuten. Man kann auch dem Befehl einer inneren Stimme nachkommen. Das klassische Beispiel dafür liefert ein Zeitgenosse Herodots, der Tragödiendichter Sophokles:

Zwei Söhne des Ödipus sind im Krieg der Sieben gegen Theben gefallen, Eteokles für die Stadt, Polyneikes auf seiten der Rebellen. Den einen bestattet man in allen Ehren, der andere wird vors Tor geworfen, «grablos, unbeweint, zum süßen Fund den Vögeln». Wer ihn auf eigene Faust beerdigt, soll gesteinigt werden.

Antigone, die Schwester, mißachtet das Verbot. Sie wird erwischt und von König Kleon zur Rede gestellt:

«Hast du den Heroldsruf gehört, der dies verbot?»

«Natürlich. Was denn sonst? Man rief's ja laut genug.»

«Und trotzdem brachst du schamlos das Gesetz?»

«Es war ja Zeus nicht, der den Heroldsruf gesandt.»

Der alte, ewig aktuelle Konflikt: Menschliches Gesetz und göttliches Gebot. Justiz und Naturrecht. Staatsräson und Stimme des Gewissens. Idealismus und Realpolitik. Leonidas hat sich *für* das Vaterland geopfert. Antigone opfert sich *gegen* ihre Heimatstadt Theben, für eine Idee. Für welche Idee? Pietät? Humanität? Nein, sie stirbt für die Idee ihrer Integrität. Für die Unversehrtheit ihres Selbst. Lieber will sie sterben, als mit schmutzigen Händen leben.

*

1924 ist Jaspers Ordinarius für Philosophie an der Universität Heidelberg. Hitler diktiert in der Festung Landsberg *Mein Kampf*. Wahrscheinlich kennt Jaspers nicht einmal den Namen des gescheiterten Putschisten. Bis zur Machtergreifung wird er die Nazis für einen lächerlichen Spuk halten. Er hat andere Sorgen.

Auf einer pazifistischen Veranstaltung spricht der Privatdozent Dr. Gumbel. Er erinnert an die Toten des Weltkriegs, «die, ich will nicht sagen, auf dem Feld der Unehre gefallen sind, aber die doch auf gräßliche Weise ums Leben kamen». Das reicht für ein Disziplinarverfahren. Jaspers gehört der Untersuchungskommission an. Die Fakultät beschließt, Gumbel die Lehrerlaubnis zu entziehen. Einzig Jaspers bleibt trotz massiven Drucks aus nationalistischen Kreisen bei seinem Gutachten: Gumbels Äußerung stelle in keiner Weise eine Verunglimpfung der Gefallenen dar. Gumbel darf, nachdem der Fall neu verhandelt worden ist, weiter lehren.

Jaspers ist, wie sein Freund Curtius schreibt, «das lebendige Gewissen der Fakultät». Das Gewissen steht immer außerhalb unserer Handlungen, *oberhalb* unserer Handlungen. Ähnlich Jaspers. Er betreibt, abseits der akademischen Trampelpfade, Philosophie des Gewissens: Die meisten unserer Handlungen sind durch Triebe oder Zwecke gesteuert. Zuweilen aber handeln wir «unbedingt», der Stimme unseres Gewissens folgend. «Unbedingtheit des Handelns in der Welt», schreibt Jaspers, «ist nur möglich, wenn ich die Welt gleichsam *verlassen* habe und nun erst in sie *zurücktrete*.» Man muß sich aus seinem Leben herausdenken, um das Leben selbst betrachten und bewerten zu können. Man muß schon einmal das Schweigen des Todes gehört haben, um die Forderung des Unbedingten zu vernehmen.

Jaspers ist von Jugend an schwer krank. Nur dank seiner Selbstdisziplin, und weil er einen fähigen Arzt gefunden hat, lebt er noch. Bevor er sich der Philosophie widmete, hat er Medizin studiert und als Psychiater gearbeitet. Er kennt das qualvolle Sterben und den Wahnsinn.

1933 marschieren Wahnsinn und Tod auch in die Idylle der Heidelberger Gelehrtenrepublik ein. Jaspers' Frau ist Jüdin. Weil er einen internationalen Ruf genießt, darf er noch einige Jahre lehren und publizieren. 1938 ist damit Schluß. Er hat es versäumt, rechtzeitig zu emigrieren. Gertrud Jaspers erhält nun keine Ausreisegenehmigung mehr. Die beiden besorgen sich ein paar Ampullen Zyankali, für alle Fälle. Ihr Abtransport in die Gaskammer ist für den 14. April 1945 geplant. Zwei Wochen vorher wird Heidelberg von den Amerikanern befreit.

*

Nach dem Krieg waren die meisten Deutschen damit beschäftigt, alle Schuld von sich zu weisen. Jaspers aber schlug sich mit dem Trauma des Davongekommenen herum. «Wir Überlebenden haben nicht den Tod gesucht. Wir sind nicht, als unsere jüdischen Freunde abgeführt wurden, auf die Straße gegangen, haben nicht geschrien, bis man uns vernichtete. Wir haben es vorgezogen, am Leben zu bleiben mit dem schwachen, wenn auch richtigen Grund, unser Tod hätte nichts helfen können. Daß wir leben, ist unsere Schuld.»

Jaspers blieb dem Ideal der Wahrhaftigkeit treu. Er

stellte – im Gegensatz zu Heidegger, im Gegensatz zu den meisten seiner Kollegen – die Schuldfrage in erste Linie sich persönlich. Das machte ihn zur Symbolfigur eines neuen Deutschlands, aber auch – wieder einmal – zum ungeliebten Außenseiter. 1948 – er war inzwischen 65 Jahre alt – beschloß er, einem Ruf an die Universität Basel zu folgen. Die Reaktion in Deutschland war Entrüstung über den «Vaterlandsverräter». Karl Jaspers starb 1969, nachdem er zwei Jahre zuvor die Schweizer Staatsangehörigkeit angenommen hatte.

Zivilcourage hat viele Gesichter. Janusz Korczak, ein polnischer Reformpädagoge, begleitete die ihm anvertrauten Waisenkinder in das Vernichtungslager Treblinka und starb mit ihnen. Der Tischler Georg Elsner baute eine Höllenmaschine, die Hitler im Münchner Bürgerbräukeller töten sollte. Nur durch einen Zufall mißlang der Anschlag. Elsner wurde kurz vor Kriegsende hingerichtet. Der Weg des Heiligen, der Weg des einsamen Attentäters. Der Weg des Philosophen Karl Jaspers war weniger heroisch. Er sah die Wahrheit, brachte es aber nicht über sich, bis zur letzten Konsequenz zu gehen. Noch 1937 konnte er Vorlesungen abhalten. Er wurde nicht verhaftet.

Schon als Gymnasiast hatte er seinen Protest so dosiert, daß ihm nichts Ernstliches geschehen konnte. Niemals trieb er die Konfrontation so weit, daß man ihn von der Schule geworfen hätte. Im entscheidenden Moment lenkte er ein: «Ein Mensch kann nicht alles.»

Jaspers litt selbst am meisten darunter, daß er vom geraden Weg abgewichen war. «Dieser Weg wurde in der Geschichte dort gegangen, wo Einzelne ihr Leben wagten, weil sie einer unbedingten Forderung gehorchten: Sie bewahrten die Treue dort, wo Treulosigkeit alles zunichte machen, das in der Treulosigkeit gerettete Leben vergiftet sein würde, wo dieser Verrat des ewigen Seins das nun noch bleibende Dasein unselig werden ließe.»

Im Bewußtsein seines Scheiterns blickte er auf jene Philosophen zurück, die das letzte Examen bestanden hatten, auf Sokrates und Thomas Morus, auf Seneca, Boethius und Giordano Bruno, die legendären Vorbilder, die «ohne eine ihnen wesentliche Zugehörigkeit zu einer Glaubensgemeinschaft in der Welt, auf sich allein vor Gott stehend, den Satz verwirklichten: Philosophieren heißt sterben lernen».

Ein alter Satz. Montaigne hat einen Essay darüber geschrieben. Schon Cicero hat ihn zitiert. Über die Jahrhunderte ist er zum philosophischen Klischee geworden, so abgedroschen wie das sokratische Staunen, so ausgehöhlt wie das Höhlengleichnis. Nach dem Holocaust klingt der Satz vollends schief. Muß man den Sensenmann auch dann gleichmütig begrüßen, wenn er eine SS-Uniform trägt? Philosophie – der Tranquillizer aus dem Bücherregal. Das kann's doch wohl nicht sein.

Vielleicht heißt Philosophieren nach Auschwitz: Kämpfen lernen. Und wenn der Kampf aussichtslos ist: Scheitern lernen. Denn auch Scheitern ist eine Kunst: «Es ist entscheidend für den Menschen, wie er das Scheitern erfährt: ob es ihm verborgen bleibt und ihn nur faktisch am Ende überwältigt oder ob er es unverschleiert zu sehen vermag und als ständige Grenze seines Daseins gegenwärtig hat; ob er phantastische Lösungen und Beruhigungen ergreift, oder ob er redlich hinnimmt im Schweigen vor dem Undeutbaren. Wie er sein Scheitern erfährt, das begründet, wozu der Mensch wird.»

Die Schüler in der Aula des Alten Gymnasiums schrieben eifrig an ihren Philosophie-Klausuren. Thema: Zivilcourage. Ernst blickte Karl Jaspers auf sie herab. Ich blickte melancholisch zu ihm auf. Jaspers war kein großer

Held gewesen, aber er hatte auch nie so getan, als ob. Und er hatte oft genug, wo andere den Schwanz einklemmten, Rückgrat gezeigt. Was hätte ich an seiner Stelle getan?

In ihren Aufsätzen sprachen sich fast alle Schüler *für* die Zivilcourage aus. Nur einer, ein ewiger Querulant, verteidigte den Kadavergehorsam.

Zum Weiterlesen empfehle ich:
Einführung in die Philosophie von Karl Jaspers (München 1953). Und lassen Sie sich von der eigenwilligen Sprache des Philosophen nicht abschrecken. Man gewöhnt sich daran.

7

DIE ARBEIT

oder
Sisyphos und der Stein der Weisen

«Der Mensch ist zur Arbeit geboren wie der Vogel zum Fliegen.» (Martin Luther)

Mein Verhältnis zur Arbeit ist seit jeher zwiespältig gewesen. Diese Schizophrenie teile ich mit dem Gros der Menschheit. Man kann ohne Arbeit nicht leben, und doch würde man gern auf sie verzichten. Bald stürzt man sich begeistert hinein, bald tötet sie einem den letzten Nerv. Einerseits garantiert sie uns Wohlstand und Fortschritt, andererseits ist es eine Zumutung, jeden Werktag um 6.20 Uhr aus dem Schlaf geschrillt zu werden. Wer es sich leisten kann, wirft den Wecker aus dem Fenster und beschränkt sich auf die Traumarbeit. Am Anfang war das paradiesische Nichtstun. Die schweißtreibende Arbeit hat ein zorniger Gott als Strafe über uns verhängt, so heißt es.

Urbild aller Zwangsarbeiter ist Sisyphos, ein Sünder der griechischen Sage, der zur Sühne einen gewaltigen Felsen bergan wälzen muß. Kaum ist er auf dem Gipfel angekommen, rollt der Felsen donnernd ins Tal zurück, und die höllische Plackerei beginnt von neuem, von Ewigkeit zu Ewigkeit. Der Philosoph Albert Camus hat diesen Mythos gedeutet: «Heute arbeitet der Werktätige sein Leben lang unter gleichen Bedingungen, und sein Schicksal ist genauso absurd.» In der Tat, ist nicht jeder Arbeitstag ein Sisyphos-Berg – ein Berg aus Steinen, ein Berg aus Akten, ein Gebirge aus schmutzigem Geschirr?

Und müßte sich nicht jeder halbwegs vernünftige Mensch angesichts der Sinnlosigkeit eines solchen Lebens dasselbe nehmen?

Camus sagt nein. Für ihn ist Sisyphos der «Held des Absurden», der seine Strafe überwindet, indem er sie bejaht und mit ihr verschmilzt: «Ein Gesicht, das sich so nahe am Stein abmüht, ist selber bereits Stein! Ich sehe, wie dieser Mann schwerfälligen, aber gleichmäßigen Schrittes zu der Qual hinuntergeht, deren Ende er nicht kennt ... Er ist stärker als sein Fels ... Der Kampf gegen Gipfel vermag ein Menschenherz auszufüllen. Wir müssen uns Sisyphos als einen glücklichen Menschen vorstellen.»

Die Strafe ein Glück? Das ist ebenso absurd wie alltäglich.

Ich bin in einem protestantischen, d. h. durch und durch absurden Dorf aufgewachsen. Sisyphos fuhr Trekker. Arbeit war religiöses Gebot und seelische Sucht. Ungenutzte Zeit war mißbrauchte Zeit, die ein schlechtes Gewissen erzeugte. Der anständige Mensch roch am Abend nach Schweiß, und Schwielen entschuldigten alles. Arbeitsscheu war aller Laster Anfang und Brutstätte des Wahnsinns. Wie oft bekam ich zu hören: «Was grübelst du schon wieder? Arbeite, dann kommst du nicht auf dumme Gedanken!»

Worauf ich stillschweigend erwiderte: «Aber auch nicht auf *kluge*!»

Wie dem auch sei, die Arbeit prägt unser Leben so tief, daß sie ein paar philosophische Gedanken zweifellos verdient.

*

Erscheint uns die Arbeit auch manchmal als Fluch, ihre Produkte lassen wir uns gern gefallen. Ohne Arbeit würden wir noch nackt auf den Bäumen hocken und von der Hand in den Mund leben. Die ersten Helden der Arbeit waren die Feuermacher, die Faustkeilfabrikanten, die Netzknüpferinnen und Beerensammlerinnen. Sie produzierten mit Know-how und Hau-ruck Werkzeuge und Nahrungsmittel. Nebenbei, und ohne es zu wollen, veredelten sie den Halbaffen zum Homo faber. Der Mensch von heute ist *auch* ein Produkt der Arbeit seiner Vorfahren.

Arbeit hat uns eine zweite Natur geschaffen, eine Natur aus angenehmen Prothesen: Das Haus, das mich vor Wind und Dieben schützt; mein englischer Kleinwagen, der mich vor dem Reichwerden schützt; mein PC mit seinen arbeitsfeindlichen Spielen. Wie viele Bauern, Schlachter, Fabrikarbeiter, LKW-Fahrer und Händler, frage ich mich, haben wohl dazu beigetragen, daß mein Eisschrank voll ist? Wie viele Menschen müssen zusammenarbeiten, damit ich mir eine Tiefkühl-Pizza für DM 2,99 kaufen kann, vom Maisanbau für das Schweinefleisch in der Salami über die Ölförderung für die Plastikfolie bis zum Holzeinschlag für die Pappschachtel?

Vergessen wir nicht die Früchte kultureller Arbeit! Das Klavierkonzert aus dem Radio klingt schwerelos wie Vogelgezwitscher, aber erst durch jahrelange Knochenarbeit wird aus dem Hosenmatz ein Horowitz. Im Funkhaus arbeiten Musikredakteure und Toningenieure. Und welche anonyme Asiatin hat wohl mein Radio mit geschickten Fingern zusammengeschraubt?

Und dann die im ganzen Arbeitszimmer verteilten Bücher. Bücher aus hundert Verlagen. Man stelle sich die Lektorate vor, die Druckereien, die Auslieferungen, die Buchhandlungen, von den Autoren ganz zu schweigen. Aber halt, warum ausgerechnet die Autoren übergehen? Auch dieser Text ist Arbeit. Jedes Wort ein Destillat aus

Blut, Schweiß und Kaffee, jede Formulierung eine mühselige Expedition in die Salzwüste des Bildschirms. Schreiben ist – trotz der Orgasmen, die gelegentlich dabei abfallen – auch Schwerstarbeit, jawoll.

*

Als Zeugen rufe ich Franz Kafka auf: «Unbedingt weiterarbeiten», notiert er am 2. 12. 1914 in sein Tagebuch, «traurig, daß es heute nicht möglich ist, denn ich bin müde und habe Kopfschmerzen, hatte sie auch andeutungsweise vormittag im Bureau. Unbedingt weiterarbeiten, es muß möglich sein, trotz Schlaflosigkeit und Bureau.» Am 8. 12: «Gestern zum erstenmal seit längerer Zeit in zweifelloser Fähigkeit zu guter Arbeit.» Am 14. 12.: «Jämmerliches Vorwärtskriechen der Arbeit ...»

Wenn Kafka von «Arbeit» spricht, dann meint er damit immer das Schreiben, während seine Lohnarbeit bei der «Arbeiter-Unfall-Versicherungs-Anstalt» sich hinter dem Wort «Bureau» verbirgt. Das «Bureau» ist keine «Arbeit», sondern das Gegenteil davon: Sabotage an der «Arbeit». Kafka verzweifelt daran, «daß zu einer dichterischen Arbeit alles in mir bereit ist und eine solche Arbeit eine himmlische Auflösung und ein wirkliches Lebendigwerden für mich wäre, während ich hier im Bureau um eines so elenden Aktenstückes willen einen solchen Glückes fähigen Körper um ein Stück seines Fleisches berauben muß.»

Kafka wird von der Diskrepanz zwischen «Bureau» und «Arbeit» schier zerrissen. In gemäßigter Form ist ein solcher Zwiespalt bei vielen Menschen vorhanden. Auf der einen Seite steht die Firma, die Planstelle, das Geschäft, auf der anderen Seite das, wozu man sich eigentlich berufen fühlt, eine persönliche Lebensaufgabe in der Kunst, in der Wissenschaft, in der Taubenzucht oder in der kirchlichen Gemeindearbeit.

Worum geht es bei diesen Lebensaufgaben?

Kafka z. B. arbeitete daran, die Gestalten seiner nächtlichen Phantasien in Geschichten zu bannen und auf diese Weise sein Innerstes zur Welt zu bringen. Die «Arbeit» verdrängte alle anderen Bedürfnisse in ihm, sogar die Liebe. Die «Arbeit» wurde zum Lebensinhalt, zum einzigen Ausdruck des Lebens. Wenn wir heute von Franz Kafka sprechen, so denken wir nicht an einen Prager Versicherungsangestellten, sondern an Josef K., an Gregor Samsa oder an jenen namenlosen Verurteilten, dem in der «Strafkolonie» das Gesetz «Ehre deinen Vorgesetzten!» in den Rücken geritzt werden soll.

*

Magnum opus – «Große Arbeit» – so nannten die Alchemisten die Herstellung des «Steins der Weisen», des wundertätigen *lapis philosophorum.* Der «Stein» wurde durch geheimnisvolle Prozeduren aus der *prima materia*, der chaotischen Ursubstanz, gewonnen. Wenn die «Große Arbeit» gelingen sollte, mußte sie mit einer seelischen Läuterung des Alchemisten einhergehen. Handfeste Arbeit am Ofen und Transmutation der Seele waren untrennbar miteinander verquickt. Die Person des Experimentators bildete einen wesentlichen Teil des Experiments. Der fertige «Stein des Weisen» brachte dem Alchemisten die innere Vollendung.

Den Kreativlingen ist dieser Prozeß vertraut. Sie wachsen und wandeln sich mit ihrer Arbeit. Das abgeschlossene Manuskript, das fertige Gemälde, die vollendete Symphonie ist zugleich ein Protokoll der persönlichen Mutation. «Arbeit» in diesem Sinne bedeutet also Selbstfindung, Definition, *Selbstwerdung.*

Die Herstellung des «Steins» wurde von den Alchemisten mit der Schöpfung der Welt verglichen. Kafka hat zweifellos eine eigenartige, phantastische Welt geschaffen. Ebenso Schopenhauer in seinem *magnum opus Die Welt als Wille und Vorstellung*. All dies sind Beispiele für Große Arbeit, für eigentliche Arbeit.

Und wie steht es mit dem Schöpfer aller Kreativen? «Arbeitet» Gott? Nach allem, was wir über ihn wissen, müssen wir die Frage bejahen. «Und so vollendete Gott am siebenten Tage seine Werke, die er machte, und ruhte am siebenten Tage von allen seinen Werken, die er gemacht hatte.» Er jobbte nacheinander als Baumeister, Gartenarchitekt, Bildhauer, Chirurg, Sittenpolizist und Richter. Erst nachdem er das Paradies hatte räumen lassen, konnte er etwas kürzertreten.

*

Doch warum hat er sich die Mühe gemacht? Hatte er es etwa nötig, sich über seine aufsässigen Kreaturen zu ärgern? Stellen wir uns den Schöpfer ohne Schöpfung vor! Was tat er? Er dämmerte vor sich hin, nach Schellings Mutmaßung versunken «in ein stilles Sinnen über sich selbst». Die ganze herrliche Allmacht lag brach. Nichts tat sich. Nicht einmal die Zeit verging. Was dann geschah, können wir nur ahnen. Gott geriet in eine Identitätskrise, und er sagte sich – wie nach ihm schon viele Menschen: «Ich will etwas schaffen, damit ich sehe, wozu ich fähig bin.»

Dabei hatte er es leichter als ein sterblicher Baumeister. Denn Handwerks- und Industrieprodukte bestehen generell aus zwei Faktoren: Natur und Arbeit (Holz und Hobelbank, Eisenerz und Stahlwerk). Ohne Grundstoffe aus der Natur baut man nicht einmal Luftschlösser. Das Rohmaterial sträubt sich in der Regel gegen die Bearbeitung. Kein Baum läßt gern einen Beichtstuhl aus sich machen. Der Tischler muß das Holz mit Gewalt und Technik in die richtige Form zwingen. Die Produkte menschlicher Arbeit sind deshalb bestenfalls Kompromisse, oft genug Murks.

Einzig die göttliche Schöpfung ist Natur und Arbeit in einem. Sie entsteht durch Gottes «Es werde» aus dem Nichts. Es gibt keine Diskrepanz zwischen Plan und Ausführung. Darum ist die Schöpfung der ungetrübte Ausdruck von Gottes Wesen.

Und das ist – jedenfalls nach Meinung einiger Theologen und idealistischer Philosophen – der wahre Grund dafür, daß überhaupt etwas Materielles existiert. Gott will sich selbst erkennen. Erst indem er die Welt erschafft, wird er sich aller Möglichkeiten, die in ihm schlummern, bewußt. Die Welt ist Selbstoffenbarung Gottes.

*

Geniale Künstler und Forscher, der visionäre Unternehmer und der originelle Philosoph, der kreative Koch und der passionierte Gärtner arbeiten aus ähnlichen Motiven. Es geht ihnen um die Verwirklichung von Ideen, um die Freisetzung ihrer Talente. Ihr Leben findet seine Erfüllung in der Großen Arbeit.

Für die Mehrzahl der Menschen spielt die Arbeit jedoch keine tragende Rolle. Man identifiziert sich bis zu einem gewissen Grad mit ihr, man erledigt sie teils mit Lust, teils aus Pflichtgefühl, man verdient sich damit ein kunstloses Brot, doch das Zentrum des Lebens liegt woanders, z. B. in der Familie oder im Fitneß-Studio. Man arbeitet um des Geldes willen, für das befriedigende Gefühl, mit seinen Gaben und Fertigkeiten gebraucht zu werden, und weil der Arbeitsplatz eine soziale Position mit sich bringt. Dies ist das Normale: daß man sich die fremdbestimmte Arbeit zwar zeitweise zu eigen macht, aber mit dem Blick auf Uhr und Kalender: Ist nicht bald

Feierabend, ist nicht bald Wochenende, ist nicht bald Urlaub?

Wo das Persönliche allzu kurz kommt, kann das Normale zur Qual werden. Arbeit wird dann zur Zwangsjacke und zur chinesischen Wasserfolter: Jeder Tag ein Tropfen, der das Leben höhlt. Wem es nicht gelingt, einen persönlichen Sinn in seiner Arbeit zu sehen, den degradiert sie zum Roboter, zum Rädchen in einer Maschinerie, zum Ding.

Arbeit, die als *Verdingtheit* empfunden wird, ist ein doppeltes Unglück. Statt Freude zu bereiten, macht sie krank. Die Große Arbeit führt zur Selbstfindung, Verdingtheit zur Selbstentfremdung. Die Große Arbeit verwirklicht das Selbst, Verdingtheit vergewaltigt das Selbst. Nur die Liebe ist ähnlich wichtig für die Persönlichkeitsentwicklung wie die Arbeit. Die Große Arbeit entspricht der Großen Liebe, der halbherzig ergriffene Beruf einer Vernunftehe, Verdingtheit der unheiligen Prostitution.

Eigentlich sollte man seinem Personalchef ja die Schuhsohlen küssen, wenn man aus einer Verdingtheit freigesetzt wird. Und doch tun das die wenigsten, denn noch niederschmetternder als die Verdingtheit erscheint oft die Arbeitslosigkeit. Ursachen dieser Depression sind die finanzielle Einbuße, der Verlust der sozialen Stellung und die Verletzung des Selbstwertgefühls.

Glücklich, wer als Philosoph arbeitslos wird – oder als Arbeitsloser seine philosophische Ader entdeckt. Denn schon Sokrates hat bemerkt: «Wer am wenigsten Ansprüche stellt, der ist den Göttern am nächsten.» Die gesellschaftliche Position ist für das Wohlbefinden des Weisen ebenso unwesentlich wie der Porsche vor der Haustür. Und der Wert eines Menschen kann doch wohl nicht davon abhängen, ob er als Rädchen im Produktions- oder Verwaltungsprozeß reibungslos funktioniert. Ja, sein Wert beruht vielleicht gerade darauf, daß er aus der großen Maschinerie herausfällt – so wie die Zahnräder des eigentümlichen Exekutionsapparats in Kafkas *Strafkolonie*.

*

Ich will das Elend der Massenarbeitslosigkeit nicht veralbern oder heroisieren, aber ich erlaube mir den Hinweis auf den philosophischen Gemeinplatz, daß es nicht die Dinge an sich sind, die uns erheben oder niederdrücken, sondern unsere Vorstellungen von den Dingen: Das Unglück der Arbeitslosigkeit liegt *auch* an der Vorherrschaft eines falschen, weil allzu materiellen, allzu fremdbestimmten Bewußtseins.

Ich hätte folgenden Reformvorschlag zu machen: Jedem Arbeitsamt wird ein Philosoph zugeordnet, der Kurse zum Thema «Glückliches Nichtstun – ein Zeichen von Weisheit» abhält. Wenn ich einen solchen Kurs geben dürfte, würde ich mit einer Episode aus den Lebenserinnerungen des Philosophen Paul Feyerabend beginnen:

«Oft begleitete ich meine Mutter zum Friseur. ‹Was willst du denn werden, wenn du groß bist?› fragten mich die Frauen. ‹Pensionist›, sagte ich. Dafür hatte ich auch einen Grund. Wenn ich im Park saß und Sandburgen baute, sah ich oft, wie nervöse Männer mit Aktentaschen hinter überfüllten Straßenbahnen herrannten. ‹Was machen die?› fragte ich Mama. ‹Sie gehen zur Arbeit›, sagte Mama. Dann sah ich, wie ein alter Mann still auf der Bank saß und die Sonne genoß. ‹Warum sitzt der da und tut nichts?› fragte ich. ‹Weil er pensioniert ist.› Nach alledem erschien mir ein Leben als Pensionist ziemlich verlockend.»

Und anschließend würde ich mit den Kursteilnehmern in den Stadtpark gehen, die Enten füttern und die Wolken betrachten. Das wäre eine sinnvolle Fortbildungsmaßnahme. Als Begleitlektüre würde ich den amerikanischen Philosophen Henry Thoreau empfehlen. Der war ein berüchtigter Nichtsnutz und ein vehementer Kritiker unserer Prostitutionsgesellschaft: «Wenn ein Mensch einmal einen halben Tag lang in den Wäldern spazierengeht, weil er sie liebt, dann besteht die Gefahr, daß er als Tagedieb angesehen wird; wenn er dagegen den ganzen Tag als Unternehmer zubringt und diese Wälder abhackt und die Erde vorzeitig kahl werden läßt, so wird er als fleißiger und unternehmungslustiger Bürger betrachtet.» Und: «Die meisten Menschen würden sich beleidigt fühlen, wenn man ihnen als Arbeit anböte, Steine über eine Mauer zu werfen und sie dann wieder zurückzuwerfen, bloß damit sie ihren Lohn verdienten. Doch viele haben jetzt keine sinnvollere Beschäftigung.»

*

Die «Feste Arbeit» hat in unserer Gesellschaft eine Funktion übernommen, wie sie über viele Jahrhunderte die Kirche ausfüllte. Wer den Fetisch Arbeit verloren hat, ist quasi exkommuniziert. Und so fühlt er sich denn auch: ausgeschlossen und ausgeliefert. Als habe die Kirche ein Monopol auf den Glauben, als gäbe es keine nützliche Arbeit außerhalb einer festen, tariflich bezahlten Anstellung. «Ein tüchtiger und wertvoller Mensch tut, was er kann, ob die Gesellschaft ihn bezahlt oder nicht», schreibt Thoreau. «Die Untüchtigen überlassen ihre Untüchtigkeit dem, der am höchsten bietet, und sie erwarten ständig, in ein Amt eingesetzt zu werden … Ich hoffe inständig, daß ich nie auf diese Weise mein Erstgeburtsrecht gegen ein Linsengericht verkaufen werde.»

Thoreau bestritt seinen Lebensunterhalt durch Gelegenheitsarbeiten als Landvermesser, als Schuster, zeitweise auch durch Unterrichten. Im Sommer 1845 bezog er ein einsames Blockhaus an einem See in den Wäldern, wo er sein Ideal vom einfachen, natürlichen Leben verwirklichen wollte. Das Experiment glückte nicht ganz. Nach zwei Jahren kehrte der Einsiedler in die Zivilisation zurück. Den Propheten zieht es zwar ab und an in die Wüste, doch sein eigentlicher Beruf ist das Predigen.

Wir brauchen Typen wie Thoreau, die gegen den goldenen Ochsen Arbeit predigen. Wir vergessen nämlich nur allzuleicht,

- daß Arbeitslosigkeit mehr sein kann als das nutzlose, trostlose Herumlungern in der Wartehalle eines Bahnhofs, von dem schon lange kein Zug mehr abfährt; nämlich die würdevolle Weigerung, hinter einer überfüllten Straßenbahn herzurennen, und die Freiheit, sich einer sinnvollen Beschäftigung zu widmen;
- daß Arbeit mehr sein kann als ein Zweckbündnis zur Wahrung des materiellen Lebensstandards oder absurder Aktivismus im Hamsterrad: nämlich Arbeit an sich selbst und zum Wohle der Menschheit;
- und daß Sisyphos zwar zum Stein verurteilt ist, daß jedoch unter den zahllosen, vielgestaltigen Felsbrokken, die im Tal liegen, einer ist, der *nur auf ihn* wartet: indem er diesen Stein unermüdlich bergan rollt, führt er die Große Arbeit aus und vollendet den «Stein der Weisen», d. h. sich selbst.

Zum Weiterlesen empfehle ich:
Thoreaus bekanntestes Buch *Walden oder Leben in den Wäldern* (Zürich 1971).

8

DIE EVOLUTION
oder
Wohin geht die Reise?

«Überblicke ich meine Entwicklung und ihr bisheriges Ziel,
so klage ich weder, noch bin ich zufrieden. Die Hände in den
Hosentaschen, die Weinflasche auf dem Tisch, liege ich halb,
halb sitze ich im Schaukelstuhl und schaue aus dem Fenster.»
(Franz Kafka, *Ein Bericht für eine Akademie*)

Aus meinem Küchenfenster schaue ich auf «City-Fitness». Gegen Abend füllt sich der Parkplatz vor dem
Haus, junge Leute mit Sporttaschen, einzeln oder zu
zweit, verschwinden federnden Schrittes hinter der Glastür. Offensichtlich brummt der Laden, und er ist nicht
der einzige. Im Herbst 1998 gab es in Deutschland 5400
Fitness-Studios, Tendenz steigend. Wer hätte vor dreißig
Jahren eine solche Entwicklung zu prognostizieren gewagt? Damals traf man sich zum Sit-in, zum Teach-in,
zum Love-in. Aber die Kommune I beim gemeinsamen
Work-out? Rudi Dutschke auf dem langen Marsch übers
Laufband? Auf dem Kurfürstendamm «Fit, fit, Fit-for-
Fun!» aus kollektiver Brust? Nein, das hätte nicht in die
Landschaft gepaßt.

«Angepaßt» – die Grundbedeutung von «fit» – war
anno '68 geradezu ein Schimpfwort. Daß man sich in die
Welt fügen müsse, um zu überleben, galt als konterrevolutionäre Lehre. Aber wer diskutierte damals schon über
Darwin? Wen interessierte die *Evolution*, da deren jüngere
Schwester doch so unwiderstehlich lockte? Und heute?
Die 68er sind bis auf ein paar lebende Fossilien verschwun-

den. Ihre Nachfolger, die Umweltschützer, werden gerade gnadenlos von der Fit-for-Fun-Fraktion verdrängt, und schon liegt die obskure Generation Y in Lauerstellung.

*

Es soll Volksstämme geben, die leben heute nicht viel anders als vor tausend Jahren. Unsere Gesellschaft hingegen wandelt sich permanent. Das «Neue» ist ein Wert an sich. Wirtschaft und Wissenschaft befinden sich im endlosen Endspurt. Der Mikrochip gibt das Tempo vor, und das Tempo ist berauschend. Kein Tag vergeht ohne Durchbruchsmeldung von der Laborfront, nichts scheint unmöglich.

Wir haben uns an den Geschwindigkeitsrausch schon fast gewöhnt, und doch grenzt dieses Feuerwerk der Triumphe an ein Wunder. Besonders dann, wenn man sich klarmacht, daß all diese sagenhaften Errungenschaften einem Gehirn zu verdanken sind, das sich nur unwesentlich von dem des Neanderthalers unterscheidet.

Denn im Vergleich zum technischen Fortschritt ist die biologische Evolution eine Schnecke. Unser Ahnherr *homo rudolfensis*, der vor 2 Millionen Jahren am kenianischen Turkanasee lebte, verfügte über ein Gehirnvolumen von etwa 700 cm^3. 1,9 Millionen Jahre später, beim *homo sapiens neanderthalensis*, waren 1200–1750 cm^3 an kleinen grauen Zellen die Regel. Der *homo sapiens philosophus*, der momentan an meinem PC sitzt, dürfte kaum ein nennenswert größeres Gehirn haben. Die Evolution rechnet in Jahrmillionen. Zehntausend Jahre sind ein Wimpernschlag. Praktisch heißt das: Die Höhlenmaler von Lascaux, die Erbauer der Pyramiden und die griechischen Naturphilosophen verfügten über die gleiche Hirn-Hardware wie Albert Einstein. Nur die «Programmierung» macht den Unterschied.

Der Franzose Auguste Comte, ein Philosoph des
19. Jahrhunderts, unterschied drei «Programme» in der
Entwicklung des Geistes. Anfangs habe der Mensch die
Erscheinungen der Welt auf göttliches Wirken zurückge-
führt. Dies sei das Stadium der *Theologie*. Im *abstrakten*
Stadium seien an die Stelle der Götter und Dämonen die
Gesetze der Metaphysik getreten. Im dritten, dem *posi-
tiven* Stadium, dämmere dem Menschen die Unmöglich-
keit absoluter Erkenntnis; er versuche nicht länger, das
nebulöse Wesen der Dinge zu durchschauen, sondern
konzentriere sich auf die Gesetzmäßigkeiten innerhalb
seines Erfahrungsbereichs. Er frage nicht mehr «Warum
sind wir auf der Welt?» oder «Was ist Wahrheit?», sondern zum Beispiel: «Wovon ernährt sich der Regen-
wurm?» Der Erkenntnispfad führe also vom Glauben
über die Spekulation allmählich zum experimentell über-
prüfbaren Wissen.

*

Jedes Stadium hat seine eigenen Antworten auf die Frage
nach dem Ursprung des Lebens gefunden. Auf der Stufe
des bloßen Glaubens entstanden die Schöpfungsmythen,
z. B.: «Am Anfang schuf Gott Himmel und Erde. Und die
Erde war wüst und leer, und es war dunkel auf der Tiefe,
und der Geist Gottes schwebte auf dem Wasser. Und
Gott sprach: ‹Es werde Licht!› Und es ward Licht.» In
einem ägyptischen Pyramidentext äußert sich der Schöpfer persönlich: «Ja, ich war es, der meinen Penis ergriff,
Saatwasser hervorlockte, dieses durch meine Faust in
mich selbst hineinleitete. Ich wickelte mich selbst um
meinen Penis, ich half mit, meinen Schatten zu vögeln,
ich fächelte mir Kühlung zu unter seiner Wolke. Ich reg-
nete fruchtbares Wasser, es trieb wie Gerste aus der Erde
in meinem Mund.» Dagegen raunten die griechischen

Orphiker, «daß die schwarzgeflügelte Nacht, eine Göttin, vor der selbst Zeus in Ehrfurcht stand, vom Wind umworben wurde; und daß sie ein silbernes Ei im Schoß der Dunkelheit legte; und daß Eros diesem Ei entschlüpfte und das All in Bewegung setzte.»

So poetisch diese Berichte klangen, die Vielzahl und Beliebigkeit der Schöpfungsmythen mußte früher oder später jemanden stutzig machen. Damit war die Philosophie geboren. Pythagoras, einer ihrer prominentesten Vorkämpfer, leugnete schlicht die Notwendigkeit eines Ursprungs: Die Zeit bewege sich in Großzyklen, die Welt sei ein *perpetuum mobile*, ein unendliches Karussell. Von Zeit zu Zeit komme es auf der Erde zu gewaltigen Katastrophen, die Menschheit werde dann fast vollständig ausgelöscht, und der ganze Zivilisationsprozeß beginne von vorn. Die letzte Großkatastrophe – Historiker datieren die «Sintflut» auf ca. 3000 v. Chr. – geisterte ja noch durch das Gedächtnis der Völker. Auch ein Blick an den Himmel untermauerte die Zyklentheorie: der Rhythmus von Tag und Nacht, der stetige Wechsel der Jahreszeiten, die 25 000 Jahre dauernde Reise der Sonne durch den Tierkreis – der ganze Kosmos glich einer Schlange, die sich selbst in den Schwanz biß.

Die Frage nach dem Anfang war damit zwar gelöst, dafür stellte eine andere Frage sich um so dringender: «Und wozu das Ganze?»

Die Vorstellung eines Schöpfergottes hatte immerhin etwas Tröstliches, verlieh sie dem Leben doch mit einem Ausgangspunkt zugleich Sinn und Ziel. Während die Pythagoreer ewig in einem kosmischen Riesenrad herumgondelten, begab sich die Christenheit auf eine fröhliche Pilgerfahrt zum Neuen Jerusalem; voraussichtliche Ankunft: Jüngster Tag.

So hielten die meisten Philosophen des Abendlandes

an einem schöpferischen Prinzip fest. Sie hatten auch einige durchaus rationale Gründe dafür: Denn wie ließ sich die faszinierende Ordnung in der Natur erklären, wenn nicht als Produkt eines Baumeisters von grenzenloser Weisheit? Was konnte die überwältigende Vielfalt von Substanzen und Formen hervorgebracht haben, wenn nicht ein unvorstellbar kreativer Geist? Woher schließlich sollte der Mensch seine Vernunft haben, wenn nicht von Gott? «Man werfe einige Stücke Eisen zusammen, ohne Gestalt oder Form», argumentierte der unbestechliche David Hume, «niemals werden sie sich so anordnen, daß sie eine Uhr ergeben.» Und ausgerechnet die Mega-Uhr Universum, der Mikrokosmos Mensch sollten *zufällig* entstanden sein? Nein, es schien zu Gott, dem Großen Uhrmacher, schlicht keine Alternative zu geben.

*

Gerade als Comte seine 3-Stadien-Theorie formulierte, trat ein junger, knubbelnasiger Engländer namens Charles Darwin eine denkwürdige Reise an. Das Forschungsschiff «Beagle», das am 27. Dezember 1831 den Hafen von Plymouth verließ, sollte Vermessungsarbeiten in Südamerika vornehmen und anschließend über Australien und Südafrika nach England zurückkehren. Darwin, ein studierter Theologe und passionierter Käfersammler, hatte den Auftrag, überall dort, wo das Schiff vor Anker ging, naturkundliche Beobachtungen durchzuführen. Bei Reiseantritt war er fest von der Wahrhaftigkeit der biblischen Offenbarung überzeugt. Der atemberaubende Reichtum des brasilianischen Urwaldes war für ihn nur ein Beweis mehr für die Allmacht Gottes. Doch ganz allmählich schlichen sich Zweifel ein: Da hing zum Beispiel ein Faultier im grünen Dämmer der Baumwipfel. Es bewegte sich, wenn überhaupt, mit unglaublicher Trägheit. Sein Fell hatte Moos angesetzt. Selbst wenn das Faultier seinerzeit einen Platz in Noahs Arche ergattert hatte, wie hatte es dann den weiten Weg vom Berge Ararat nach Südamerika zurückgelegt? Da konnte doch etwas nicht stimmen! Und wie paßten die ausgestorbenen Riesentiere ins Bild, deren fossile Knochen Darwin im argentinischen Punta Alta fand? Und warum sollte der Schöpfer sich die Mühe gemacht haben, für jede Galapagos-Insel eine eigene Finkenart maßzuschneidern? Die Ungereimtheiten häuften sich. Darwin gewann in den fünf Jahren seiner Reise eine unermeßliche Fülle von neuen Eindrücken – und warf den christlichen Glauben über Bord. Als er zu Hause an die Auswertung seiner Sammlungen ging, war er ein nüchterner Atheist. In langen Jahren geduldiger Arbeit fügte er die naturwissenschaftlichen Puzzleteile – die Erkenntnisse seiner Reise, Tips von erfahrenen Viehzüchtern, Beobachtungen, die er selbst bei der Taubenzucht machte – zu einer Schöpfungsgeschichte zusammen, die ganz ohne Schöpfer auskam. Er selbst hat für das Prinzip der biologischen Evolution, den «Kampf ums Dasein», einen eindrucksvollen Vergleich gefunden: «Man kann die Natur mit einer Oberfläche vergleichen, die mit zehntausend scharfen Keilen besetzt ist ... Sie stellen verschiedene Arten dar, die dicht zusammengedrängt sind und unaufhörlich durch Schläge hineingetrieben werden ... Manchmal drückt ein Keil ... der tief hineingeschlagen wird, andere heraus; wobei Erschütterungen und Schock sich häufig auch in vielen Richtungen auf andere Keile fortpflanzen.»

*

Darwins Hauptwerk *Die Entstehung der Arten* (1859) sorgte für Wirbel, ja, für einen veritablen Wirbelsturm. Es wurde zum heißestdiskutierten wissenschaftlichen Werk des Jahrhunderts. Es fuhr, um im Bilde zu bleiben, wie ein mächtiger, neuer Keil in die Holzköpfe. Daß die Kirche den «Kampf ums Dasein» aufnahm, war nur allzu verständlich. Aber auch viele Philosophen leisteten erbitterten Widerstand. Ein Werk, das den menschlichen Geist aus der unvernünftigen Natur herleitete, stellte eine Majestätsbeleidigung aller Geisteswissenschaftler dar.

Im Grunde bestätigte dieser Widerspruch Darwins Theorie: Die «positive» Biologie war in die Reviere von Kirche und Metaphysik eingedrungen und schien deren Lebensgrundlagen zerstören zu können. Die Wissenschaftler waren offensichtlich «fitter» als ihre geistlichen und geisteswissenschaftlichen Konkurrenten, d. h., ihre Aussagen waren an die tatsächlichen Gegebenheiten – Funde von Skeletten längst ausgestorbener Saurier, Möglichkeiten der Tierzucht, Artenvielfalt – besser angepaßt. Die «kreationistischen» Thesen, Gott habe die Welt erst vor ca. sechstausend Jahren geschaffen, auf der Arche Noah seien 7877 Tierpaare der Sintflut entkommen, und die prähistorischen Knochen habe Gott in der Erde verbuddelt, um die Biologen an der Nase herumzuführen, hatten dagegen einen schweren Stand. Allerdings glauben nach einer Umfrage auch heute noch 48 Prozent der US-Bürger an die Zuverlässigkeit der biblischen Schöpfungsgeschichte, und im Staat Illinois wurde die Evolutionslehre auf Drängen christlicher Fundamentalisten aus dem Schul-Lehrplan gestrichen.

*

Vom berüchtigten *bible belt* einmal abgesehen, haben Glaube und Philosophie sich erstaunlich rasch an die Evolutionstheorie angepaßt. Die Theologen können auf den mythischen Charakter des Schöpfungsberichts verweisen oder hinterlistig fragen: «Gut, die Artenvielfalt ist ein

Produkt der Evolution – aber wer hat die Evolution geschaffen?» Die Philosophen haben sogar von Darwins Ideen profitiert: Der Evolutionsgedanke läßt sich z. B. auf die Entwicklung und das Aussterben von Theorien übertragen: Während im wirklichen Leben der «Kampf ums Dasein» tobt, wird in der Wissenschaft kaum weniger ernsthaft um die «Wahrheit» gerungen (wobei es eine ewige Wahrheit ebensowenig gibt wie ein ewiges Dasein).

Der normale Mensch begriff, nachdem sich die erste Aufregung über Darwins Theorie gelegt hatte, sehr schnell, daß sich im Grunde nichts geändert hatte. Es ist alles eine Frage der Formulierung. Man ist nicht länger die «Krone der Schöpfung»? Na und? «Spitzenprodukt der Evolution» klingt doch auch nicht übel. Der Auftrag «Füllet die Erde und machet sie euch untertan!» gilt nicht mehr? Egal, als Weltmeister im «Kampf ums Dasein» kann man ohne Gewissensbisse das Recht des Stärkeren für sich in Anspruch nehmen. Und die Abstammung «vom Affen»? Auch damit läßt es sich gut leben. Die einfache Herkunft spricht nur für das Durchsetzungsvermögen des *self-made man*.

*

Natürlich haben wir uns nicht selbst geschaffen. Der Mensch des zwanzigsten Jahrhunderts ist nur *ein* Zweiglein am Baum der Evolution. Dieser Zweig ist ohne eigenes Zutun gewachsen, so wie das Zweiglein Zecke oder das Zweiglein Stinkmorchel. Wir haben keinen Grund, deswegen stolz zu sein. Der Mensch von morgen aber wird sich von allen anderen Lebewesen unterscheiden, und auch die Evolution wird nicht mehr dieselbe sein wie früher. Darwins Erkenntnisse, die Entdeckung der DNS-Struktur sowie die Fortschritte in der Gentechnologie machen es erstmals möglich, daß ein Produkt der Evolution den Verlauf der Evolution – und damit auch seine eigene Weiterentwicklung – *bewußt und verantwortlich steuert*.

In den letzten zehntausend Jahren haben sich nur unsere Werkzeuge, unsere Waffen, unsere *Prothesen* weiterentwickelt, das Eisen, das Mikroskop, der Computer. Der Mensch selbst ist sich treu geblieben. Doch was wird die Zukunft bringen? Werden die Gentechniker eine *Turbo-Evolution* in Gang setzen und den *Übermenschen* schaffen? Wird das «positive» Stadium, auf dem wir momentan leben, von einem *Stadium des Designs* abgelöst? Wird die Aufgabe der *Überphilosophie* darin bestehen, Lebenswelten für neuartige Menschengenerationen zu entwerfen? Wohin geht die Reise?

Es gibt da eine kleine, beunruhigende Geschichte von Friedrich Dürrenmatt; sie heißt *Der Tunnel*:

Ein Student – fett, vierundzwanzig, Zigarrenraucher und alles andere als ein Übermensch – besteigt einen Zug, der ihn von seinem Heimatort in die Universitätsstadt bringen soll, eine Reise von zwei Stunden, die er schon oft gemacht hat. Der Zug fährt in einen Tunnel ein. Der Tunnel erscheint dem Studenten länger als sonst, viel länger. Ja, er hört überhaupt nicht mehr auf! Kann sich ein Zug verfahren? Von den übrigen Reisenden bemerkt keiner, daß etwas nicht stimmt. Auch nicht, daß sich die Strecke neigt und der Zug immer, immer schneller wird. Der Student kämpft sich bis zur Lokomotive vor. Der Führerstand ist leer. Die Bremsen funktionieren nicht. Der Zug rast ins Innere der Erde. Oder? «Gott ließ uns fallen, und so stürzen wir denn auf ihn zu.» Ende der Geschichte.

*

Nein, so pessimistisch wollen wir nun doch nicht schließen. Schauen wir lieber noch einmal aus dem Küchenfenster. Von einer Fitness-Welle hat sich vor dreißig Jahren niemand etwas träumen lassen. In dreißig Jahren wird sie bereits Geschichte sein. In den Räumen des «City-Fitness» wird dann vielleicht eine Beratungsstelle von «contra familia» untergebracht sein – oder ein Treffpunkt der «*Cyber-Cynics*», der maßgeblichen Philosophenschule des 21. Jahrhunderts. Lassen Sie sich von dem Namen *Cyber-Cynics* nicht täuschen! In Wirklichkeit handelt es sich um verkappte Neo-Pythagoreer. Im Jahre 2040 gelingt es einem machtbesessenen *Cyber-Cynic*, einen Computervirus zu schaffen, der auf den Menschen überspringt und so extrem ansteckend ist, daß er innerhalb von 24 Stunden Milliarden von Großhirnrinden zum Absturz bringt. Dank ihrer speziellen Anti-Viren-Philosophie überleben weltweit ca. 20 000 *Cyber-Cynics* die Katastrophe, allerdings nicht ohne schwere Hirnschäden. Sie sind in ihrer geistigen Entwicklung um zwei Millionen Jahre zurückgeworfen. Und so beginnt alles von vorn.

Zum Weiterlesen empfehle ich:
Darwins gefährliches Erbe von Daniel C. Dennett (Hamburg 1997).

9

DIE MYSTIK

oder

Heimweh nach dem Himmel

«Wie kann ich an Gott glauben, wenn sich erst letzte Woche
meine Zunge in der Walze einer elektrischen Schreibmaschine
verheddert hat?» (Woody Allen)

«Religion ist Anschauen des Universums.» (F. Schleiermacher)

Als Jurij Gagarin 1961 von seiner Stippvisite ins All zurückkehrte, konnte er gehorsamst melden: *Da*, die Erde sei
tatsächlich rund. Und *njet*, Engel habe er dort oben nicht
gesehen, der Himmel sei leer, bis auf ein paar versprengte
Sterne, von Gott keine Spur. Als hätte der Atheismus
noch einer Bestätigung bedurft!

Bereits im 18. Jahrhundert war die Religion von den französischen Aufklärern als Machwerk der parasitären Priester-
schaft «entlarvt» worden. In den gebildeten Schichten galt
es als ausgemacht, daß die Pfaffen und Schamanen der Welt
Gott als Popanz benutzten, um das Volk einzuschüchtern
und die eigenen Privilegien zu erhalten. 1794, im Zuge der
Revolution, wurde das Christentum denn auch zugunsten
eines «Kultes der Vernunft» verboten.

Das 19. Jahrhundert verglich die Heilige Schrift mit den
historischen Quellen und fand heraus, daß «Gottes Wort»
hinten und vorne nicht stimmte. Darwins Entdeckungen
verwiesen den Schöpfungsbericht der Bibel ins Reich der
Fabel. Noch aber hatten die Theologen *ein* starkes Argument: «Alle Völker glauben an Götter. Warum sollten sie
das tun, wenn es nichts Göttliches gäbe?» Diesen Einwand
entkräftete Sigmund Freud, indem er spekulierte, die Re-

ligion sei eine Auswirkung des Ödipuskomplexes. In der Darwinschen Urhorde hätten sich eines Tages die frustrierten Söhne gegen den Pascha-Vater verbündet, ihn massakriert und gemeinsam kannibalisch entsorgt. Mit der rituellen Siegesfeier habe die menschliche Gesellschaft ihren Anfang genommen, und die kollektive Erinnerung an die Gewalttat, eine ambivalente Mischung aus Triumph und schlechtem Gewissen, sei in der Religion konserviert.

Gott war Opium fürs Volk, Gott war tot, Gott war eine Zwangsneurose: Marx, Nietzsche und Freud, die Propheten des 20. Jahrhunderts, verkündeten einmütig den Atheismus. Es folgten die Weltkriege und der Holocaust. Mußte das Grauen der Massenvernichtung nicht jeden Rest von Gottesglauben ad absurdum führen? Und nun noch die kalte Leere des Universums ...

Es gibt da einen Witz:

Ein Mann kriecht mitten in der Nacht unter einer Straßenlaterne herum. «Haben Sie was verloren?» fragt ihn ein Polizist. «Ja, meinen Schlüssel.» Der Polizist hilft beim Suchen. Nach fünf Minuten fragt er: «Sind Sie sicher, daß sie den Schlüssel *hier* verloren haben?» Sagt der Mann: «Nein, verloren hab ich ihn *da hinten*. Aber hier ist besseres Licht.»

Der Mann, der da über den Boden kriecht, ist der moderne Mensch. Er sucht ständig dort, wo nichts zu finden ist, sei es das Glück, sei es die Liebe, sei es Gott. Er tappt im Hellen, unverdrossen. So wie Gagarin, als er in der Umlaufbahn nach Engeln Ausschau hielt. Der Schlüssel aber liegt irgendwo *im Dunkeln*.

*

Wie so häufig, tut auch hier die Sprache alles, um uns an der Nase herumzuführen. Das Wort «glauben» hat zwei grundverschiedene Bedeutungen. In der Alltagssprache erfordert es ein Objekt:

«Ich glaube, der Zug geht um 20.30 Uhr.» – «Ich glaube, daß Bayern München Deutscher Meister wird.»

In diesem Sinne ist «glauben» gleichbedeutend mit «vermuten», es erscheint als eine unterentwickelte Form von «wissen», es ist von *Unsicherheit* geprägt.

Das, was den religiösen Glauben ausmacht, ist etwas völlig anderes. Es geht überhaupt nicht darum, einen objektiven Sachverhalt der Außenwelt zu erkennen oder anzuerkennen. Engel sind keine Ufos, Gott kein Himmelsyeti. Aber was ist er *dann*? Schwer zu sagen. Er enthüllt sich einzelnen Menschen in ganz persönlichen Begegnungen, mal als «Gefühl», mal als «Stimme», mal als «Licht», mal als «Dunkelheit» und mal als paradoxe «dunkle Wolke, die die Nacht erhellt». Keine Offenbarung ist wie die andere. Rainer Maria Rilke zum Beispiel beschrieb die seine mit folgenden Versen:

«*Mein* Gott ist dunkel und wie ein Gewebe
von hundert Wurzeln, welche schweigsam trinken.
Nur, daß ich mich aus *seiner* Wärme hebe,
mehr weiß ich nicht, weil alle meine Zweige
tief unten ruhn und nur im Winde winken.»

Dieser dunkle, in der Dunkelheit verborgene Gott läßt sich nicht mit dem Intellekt festnageln. Und so hartnäckig er sich gegen eine Definition sträubt, so unvollkommen läßt er sich mitteilen. Religion ist kein Rezept, das man weitergeben könnte: «Man nehme: 1 Taufe, 10 Gebote, 1 Vaterunser, 1 Prise Nächstenliebe …» Alle sogenannten Gottesbeweise beweisen nur, daß Gott sich jedem Beweis entzieht.

Und doch räumt die persönliche Begegnung mit Gott jeden Zweifel aus. Der religiöse Glaube beinhaltet die größtmögliche *Sicherheit*.

*

Wie soll man jemandem, der niemals geliebt hat, die Liebe begreiflich machen? Genauso obskur bleibt für alle, die ihn nicht kennen, der religiöse Glaube. Dessen Kern ist immer mystisch, d. h. «verschlossen». Er läßt sich nicht begründen oder widerlegen, er kann nur passiv empfunden und bildhaft umschrieben werden – auch hierin der Liebe ähnlich.

Mystik ist also *nicht*: Glaube an einen weißbärtigen Patriarchen mit kreativen Fähigkeiten; Glaube an ein abfragbares Bekenntnis; sie ist überhaupt kein Glaube *an etwas*, sondern, in der Formulierung Meister Eckharts, eines mittelalterlichen Mystikers: «die Bewegung der Seele, welche zur Loslösung von allem Kreatürlichen und zur Wiedervereinigung mit Gott führt.» Mystik ist das Verlangen, aus der körperlichen Welt zu springen, in der Gewißheit, von gnädigen Armen aufgefangen zu werden; sie ist eine Kopernikanische Wende des Herzens: an die Stelle des Willens zur Selbstbehauptung tritt die Sehnsucht nach Selbst-Aufgabe, Selbst-Verschwendung, Selbst-Opferung; sie ist die bedingungslose Hingabe an die Einheit von Leben und Tod; sie ist *Heimweh nach dem Himmel* und *All-umfassende Liebe*.

*

Wohl jeder Mensch stolpert hin und wieder über mystische Momente, meist in der unberührten Natur, im Konzertsaal oder im Rausch. Der Mystiker sucht diese Augenblicke der Verzückung auszudehnen, bis sie sein ganzes Leben ausleuchten. Dafür ist er bereit, große Opfer zu bringen. Materieller Besitz z. B. wird auf dem Heilsweg zur hinderlichen Last. Ebenso verzichtet er auf die Freuden der Sexualität. Der unterleibliche Strom tritt irgendwann in den spirituellen Gefilden wieder zutage. Nicht selten sind daher religiöse Ekstasen von erotischen Empfindungen begleitet, wie bei Teresa von Avila: «O mein Gott», betete sie, «ich bitte dich um das Blut deines lieben Sohnes, daß du mir die Gnade tun wollest, daß ich so weit gelangen möge, daß er mich küsse mit dem Kuß seines Mundes!»

Zum wahren Mystiker gehört auch der soziale Selbstmord, das «Aussteigen» aus dem gesellschaftlichen Zusammenhang, oft betont durch Anlegen einer einheitlichen Mönchstracht oder Annahme eines neuen Namens. Die Entpersönlichung – im Zuchthaus oder beim Militär ein besonders demütigender Zwang – schafft hier die Voraussetzung für eine Wiedergeburt im Geiste der Freiheit.

«Machen Sie sich bitte frei!» sagt der Arzt, wahrscheinlich ohne zu ahnen, daß er damit das erste Gebot der Mystik ausspricht: «Leg alles ab! Alles, was du hast, alles, was du dir einbildest, und alles, was du dir wünschst.» Für die christlichen Mystiker gilt das im übertragenen Sinne, die Gymnosophisten – brahmanische Asketen im vorchristlichen Indien – nahmen die Aufforderung wörtlich. Sie lebten nackt in den Wäldern, ernährten sich von Früchten und verschmähten den Geschlechtsverkehr. Alexander der Große soll auf seinem Indienzug mit gymnosophischen Gurus philosophiert haben. Als einer von ihnen, ein gewisser Kalanos, schwer erkrankte, wählte er den Freitod und verbrannte sich in einer eindrucksvollen Zeremonie auf einem Scheiterhaufen.

*

Der mazedonische Welteroberer hatte offenbar ein Faible für Philosophen. Berühmt ist die Geschichte seines Besuchs bei Diogenes. Der lag im Athener Kybele-Heiligtum vor seiner Tonne. Alexander erkundigte sich bei dem Weisen: «Kann ich dir einen Wunsch erfüllen!» Und Diogenes erwiderte: «Geh mir aus der Sonne!»

Diese Antwort beinhaltet das geheime Credo der sogenannten *Kyniker*, der «Hundephilosophen», die heimat-
los, bedürfnislos und respektlos auf den Straßen und Plät-
zen lebten – so wie herrenlose Köter. Diogenes wollte in
der Sonne bestimmt nicht «braun werden», und auch um
die Wärme wird es ihm nicht gegangen sein, denn Ab-
härtung gehörte zu seinen Prinzipien. Nein, die Sonne
war für Diogenes ein Symbol, ein Bild des Göttlichen.
Alexander mit all seinem Ruhm und Reichtum stand für
die Welt. Der «Schatten» aber war die Gottesfinsternis,
in der – aus Sicht des Mystikers – die weltlichen Menschen leben.

Nun waren die Kyniker keine Mystiker im strengen
Sinne (sie hielten z. B. nicht viel vom Zölibat), und doch
haben sie mehr mit diesen gemein als nur den Buchsta-
ben Y.

*

Das Ypsilon gilt als «der philosophische Buchstabe».
Schuld daran ist die Legende von «Herakles am Scheideweg»: Eines Tages gelangte Herakles, der Sohn des Zeus,
auf seinen Wanderungen an eine (y-förmige) Weggabe-
lung. Einen Wegweiser gab es nicht, dafür gleich zwei
Wegweiserinnen: Eine Hetäre versuchte, den jungen
Mann auf die breite, leicht abschüssige Straße zum Glück
zu locken, während eine strenge Gouvernante ihn mahn-
te, den steilen, von Dornbüschen gesäumten Pfad der Tugend zu wählen.

Herakles schlug den Weg ein, der eines Halbgottes
würdig war. Sein Leben bestand aus selbstloser Arbeit und
Kämpfen gegen das hundertköpfige Böse. Den Tod fand
er auf dem Scheiterhaufen. In der Erinnerung der einfachen Leute lebte er als «Heiland» fort, den sie in der Not
um Hilfe anflehen konnten. Die kynischen Philosophen

aber sahen in ihm ihren Schutzpatron, den «Scheideweg» interpretierten sie als die philosophische Situation schlechthin. Philosophie war für sie keine Sache des forschenden Verstandes, kein intellektueller Zeitvertreib, keine wissenschaftliche Karriere. Die existentielle Entscheidung war verlangt, das Bekenntnis zu einem wahrhaftigen, «nackten» Leben, einem Leben in der Nachfolge des Herakles.

Die Kyniker stellen also keineswegs nur eine kuriose Randerscheinung der antiken Philosophie dar, wie es die Diogenes-Anekdoten suggerieren. Vielmehr verhielt sich der Kynismus zu den großen Philosophenschulen ähnlich wie die Mystik zu den dogmatischen Religionen. Das erklärt auch seine Zählebigkeit. Über 500 Jahre lang zogen kynische Wanderphilosophen (und Wanderphilosophinnen), die das einfache, alternative Leben predigten, durch die antike Welt. Ihre einheitliche Tracht, ein abgetragener Wollmantel, der auch als Schlafsack diente, wurde zum Markenzeichen. Mancher Kyniker wird mehr Hippie als Philosoph gewesen sein. Scharlatane und Schnorrer mißbrauchten den altehrwürdigen Namen. Aber die Bewegung fing auch Menschen auf, die aus einem echten spirituellen Bedürfnis der etablierten Gesellschaft den Rücken samt Rucksack kehren wollten. Und Hunger, Heimatlosigkeit sowie Nächte unterm Sternenzelt bilden bekanntlich einen guten Humus für das zarte Pflänzchen Spiritualität.

Der letzte namhafte Kyniker, ein gewisser Peregrinus (d. h. «der Heimatlose») sprang anläßlich der olympischen Spiele 167 n. Chr. zum Beweis seiner totalen Selbstüberwindung, von Tausenden bejammert oder angefeuert, auf einen lodernden Scheiterhaufen. Herakles und Kalanos ließen grüßen. Publikum und Kritik waren geteilter Meinung. Die einen verehrten Peregrinus als

Heiligen und verkündeten seine Himmelfahrt, die anderen meinten, er habe im Tod noch übler gerochen als zu Lebzeiten.

*

Der selige Peregrinus hatte sich intensiv mit dem Christentum befaßt, und in der Tat existierte eine Wahlverwandtschaft zwischen der Hunde-Philosophie und jener Sekte, in deren Evangelium es heißt: «Sorget nicht um euer Leben, was ihr essen und trinken werdet; auch nicht um euren Leib, was ihr anziehen werdet. Ist das Leben nicht mehr als die Speise und der Leib nicht mehr als die Kleidung? Sehet die Vögel unter dem Himmel an: sie säen nicht, sie ernten nicht, sie sammeln nicht in die Scheunen; und euer himmlischer Vater ernährt sie doch.»

Im Christentum hat es – wie wahrscheinlich in jeder Religion – zu allen Zeiten mystische Abspaltungen gegeben, bis heute. Besonders im Spätmittelalter wählten viele religiös Inspirierte, statt ein Amt in der quasi-feudalen Kirchenhierarchie anzustreben, die kompromißlose Nachfolge Christi: Sie zogen als arme Wanderprediger durch Norditalien und Südfrankreich, um das Volk zu den Ursprüngen des Christentums, zur tätigen Nächstenliebe und zu einer Gemeinschaft im Geiste zurückzuführen. Der berühmteste dieser Mystiker war Giovanni Bernardone, besser bekannt als Franz von Assisi. Er verschenkte, als eine schwere Krankheit ihn vor den Scheideweg stellte, allen Besitz und brach den Kontakt zu seiner Familie ab. Von nun an trug er die Uniform der Heimatlosen: härene Kutte, Bettelsack und Pilgerstab. Er renovierte verfallene Kirchen, pflegte die Aussätzigen in den Leprosorien und predigte, wenn sich die Gelegenheit bot, auch schon mal dem Federvolk: «Vögel, ihr meine lieben Geschwister, ihr seid Gott, eurem Schöpfer, sehr verpflichtet, so daß ihr ständig sein Lob singen müßt, denn er hat euch die Freiheit gegeben, überall hinzufliegen nach eurem Belieben ...» Die Vögel aber, so heißt es in der Legende, «öffneten die Schnäbel, reckten den Hals, spreizten die Flügel und neigten ehrerbietig die Köpfe, um mit Gebärden und Gezwitscher kundzutun, daß ihnen der selige Franziskus großes Vergnügen bereitet habe.» Dann zeichneten sie ein Kreuz ins Blau, indem sie in die vier Himmelsrichtungen davonflogen.

*

Auch in der Philosophie lebt die Tradition des Scheidewegs fort. Der Däne Sören Kierkegaard begründete die Existenzphilosophie, deren Schlüssel die Entscheidung zu einem «eigentlichen» Dasein ist. Die Französin Simone Weil lebte ihre sozialistisch-christliche Mystik so radikal, daß sie daran starb. Ludwig Wittgenstein hätte als akademischer Gelehrter leicht zu Amt und Würden kommen können. Doch er verschenkte sein Millionenerbe, lebte ohne festen Wohnsitz und kleidete sich so nachlässig, daß man ihn bisweilen für einen Landstreicher hielt. Auf die Frage nach seinem Lieblingsessen antwortete er mit kynischer Gelassenheit: «Mir egal; Hauptsache, es ist jeden Tag dasselbe.» Schon in jungen Jahren wurde ihm klar, daß die philosophische Erkenntnis ihre Grenzen am Unsagbaren findet. Sein «Tractatus» schließt: «Wir fühlen, daß, selbst wenn alle *möglichen* wissenschaftlichen Fragen beantwortet sind, unsere Lebensprobleme noch gar nicht berührt sind ... Es gibt allerdings Unaussprechliches. Dies *zeigt* sich, es ist das Mystische.»

Für den philosophischen Frischling ist dies eine frohe Botschaft: Er muß nicht jahrelang dicke Schwarten wälzen, um eine Ahnung von Philosophie zu bekommen. Die Ahnung schlummert in jedem von uns – wie der mystische Glaube – und wartet nur darauf, geweckt zu werden.

*

Nicht alle Raumfahrer begehen den Fehler, unter der Laterne zu suchen. Kürzlich hörte ich eine Radiosendung, in der sowjetische Kosmonauten ihre Erfahrungen im All schilderten. Einige von ihnen hatten stundenlange Weltraumspaziergänge hinter sich, und sie berichteten von einem seltsamen Phänomen: Der Eindruck der Weite und Tiefe des Universums sei so überwältigend gewesen, daß sie den Drang verspürt hätten, die Versorgungsschläuche zu kappen, sich von der Kapsel abzustoßen und für immer in den Abgrund zwischen den Sternen einzutauchen. Diese seltsame Sehnsucht sei geradezu körperlich fühlbar gewesen. Offenbar waren die Kosmonauten, ausgerechnet in der Schwerelosigkeit, in das Gravitationsfeld des Religiösen geraten.

Das Kapitel Mystik ist also keineswegs abgeschlossen, und andererseits ist die Raumfahrt nicht so modern, wie gemeinhin angenommen wird: Eines Tages unterhielt sich der heilige Johannes vom Kreuz mit seiner Herzensfreundin Teresa von Avila über die Dreieinigkeit. Mitten im Gespräch wurde er von einer göttlichen Entrückung überwältigt. Die Macht der Ekstase war so groß, daß er samt seinem Stuhl abhob und unter der Decke schaukelte. Gleichzeitig geriet auch Teresa, die hinter dem Trenngitter auf den Knien gelegen hatte, in Verzückung. Auch sie zirkulierte schwerelos durch den Raum ...

Zum Weiterlesen empfehle ich:
Die Weisheit der Hunde von Georg Luck (Stuttgart 1997) sowie Rilkes Gedichtzyklus *Das Stunden-Buch*.

10

DER TOD

oder
Mein Mörder, mein Freund

«Man kann sich durch Gewohnheit und Erfahrung gegen Schmerzen, Schande, Mangel und dergleichen zufälliges Unglück abhärten. Den Tod aber können wir nur einmal erdulden. In dieser Hinsicht sind wir alle nur Lehrlinge.» (Charles de Montaigne)

«Bis jetzt denke ich mir den Tod als eine freundliche Erscheinung, eine, die mir in jedem Augenblicke willkommen wäre, weil, wie zufrieden und glücklich ich lebe, dies Leben doch immer beschränkt und rätselhaft ist und das Zerreißen des irdischen Schleiers darin auf einmal Erweiterung und Erlösung mit sich führen muß.» (Wilhelm v. Humboldt)

«Ich will die Unsterblichkeit nicht durch mein Werk erringen. Ich will sie dadurch erringen, daß ich nicht sterbe.» (Woody Allen)

Heidelberg. Irgendein Shakespeare-Jubiläum. Die Buchhandlung an der Bushaltestelle hatte das Schaufenster entsprechend ausstaffiert. Zwischen den Werkausgaben grinste, auf schwarzem Samt gebettet, ein Totenkopf.

Nun kamen zwei Kinder dahergetrottet, schätzungsweise vier und acht Jahre alt. Sie blieben stehen und schauten ins Fenster.

«Was is'n das?» fragte der Kleine.

«Ein Totenschädel», sagte die Achtjährige.

«Und was is' das?» –

«Das ist im Kopf drin. Das haben alle Menschen.»

Der Knirps schaute zu dem Mädchen auf, Schock im Blick: «Wir aber nich'!» –

«Doch», sagte sie, «wir auch.»

Wir auch. Die Schlichtheit des Gedankens faszinierte mich. *Das ist im Kopf drin.* Ich sah mich um und betrachtete die Passanten mit Röntgenaugen. Da marschierten sie an mir vorbei, Männer und Frauen, Schulkinder und Rentner, Einheimische und Japaner. Und in jedem einzelnen, nur Millimeter unter der Haut, marschierte ein Gerippe mit. Hinter jedem Gesicht lungerte ein lautloses, zähnefletschendes Lachen.

*

«Das schauerlichste Übel, der Tod, geht uns nichts an», schrieb Epikur, «denn solange wir existieren, ist der Tod nicht da, und wenn der Tod da ist, existieren wir nicht mehr. Er geht also weder die Lebenden an noch die Toten; denn die einen berührt er nicht, und die anderen existieren nicht mehr. Die Menge freilich flieht bald den Tod als das ärgste der Übel, bald sucht sie ihn als Erholung von den Übeln des Lebens. Der Weise dagegen lehnt weder das Leben ab, noch fürchtet er das Nichtleben.»

Elegant philosophiert. Der Epikureer hält sich den Tod vom Leibe. Er läßt sich höchstens einen Knochenmann auf den Trinkbecher gravieren, um das Leben noch bewußter zu genießen.

Mich erinnert diese Einstellung an den Vogel Strauß, und ich hasse es, den Kopf in den Sand zu stecken. Ich möchte dem Tod ins Auge sehen und seinem Blick standhalten, solange es geht. Der Tod ist immer gegenwärtig, in uns, schon vor der Geburt. Mit der ersten Teilung der Eizelle geht auch der Keim des Todes auf. Die Sanduhr läuft von Anfang an. Den Hexenmeistern der Biologie ist es gelungen, ein Gen zu identifizieren, das für den Tod von Zellen verantwortlich gemacht wird. Wenn das sogenannte Myk-Gen in einer Zelle aktiviert wird, dann fällt diese innerhalb von 25 Minuten in sich zusammen und löst sich in Nichts auf. Der Exitus der Einzelzelle wäre demnach vorprogrammiert. Und das ist notwendig, damit der Gesamtorganismus gesund bleibt. Nur Wunschdenker meinen, der Tod der Zellkolonie Mensch komme als Terminator *von außen* und könne durch irgendwelche Wunderwaffen besiegt werden. Ab einem gewissen Alter ist nicht mehr die Krankheit Auslöser des Todes, sondern der Körper tötet sich selbst, indem er sich verschiedener Krankheiten bedient. Der Tod kommt *von innen*.

Das Skelett wohnt im Menschen, wie der Papa im Weihnachtsmannkostüm, wie der Kern in der Kirsche, wie ein Agent im konspirativen Unterschlupf. Mit den Jahren wagt es sich immer dreister aus der Deckung. Besonders wenn sich ein Wetterwechsel ankündigt. «Heute spür' ich aber meine Knochen», wird dann zur Tageslosung im Altersheim.

Der Alt man, so ist eines der «Bilder des Todes» überschrieben, die Hans Holbein d. J. Anfang des 16. Jahrhunderts in Holz schneiden ließ. Ein Greis wird vom Knochenmann an ein gähnendes Grab geführt. Ein Schritt noch, dann stürzt er ins Bodenlose. Der Alte achtet nicht auf den Weg. Der Knochenmann neben ihm spielt die Zither. Bezaubert lauscht der Alte seinem Kehraus. Ist er darum zu beneiden? Was ist besser: Blindlings ins Grab zu stolpern oder sehenden Auges hineinzukippen, hineinzuspringen? Der Tod auf dem Holzstich meint es jedenfalls gut mit dem Alten.

Der Tod als musizierender Freund, das ist die eine Rolle. Aber Holbeins Knochenmann kann auch andere Saiten aufziehen. Den Ritter spießt er mit der Lanze auf, hinterrücks, genüßlich. Dem Reichen, der im vergitterten Gewölbe seine Schätze zählt, raubt er vor dem Leben das geliebte Gold. Dieser Tod kämpft auf seiten der Reformation – es ist die Zeit der Bauernkriege –, für das einfache Volk. Wo die Gesellschaft in Stände zerfällt, ist

Gleichbehandlung revolutionär. Der Tod macht keinen Unterschied zwischen Kaiserin und Bettelweib, zwischen Ackermann und Papst. «One man – one Tod», heißt seine Devise. Der Tod spricht alle Sprachen. Weder körperliche Schönheit noch prachtvolle Gewänder können ihn blenden. Kein Bestechungsgeld stimmt ihn um, wenn die Sanduhr abgelaufen ist. Wo er auftritt, ist die menschliche Komödie beendet. Der Tod weiß – und enthüllt – in jedem Lebewesen sein Ebenbild, einen namenlosen Rekruten der grauen Armee. Am Tag der Immobilmachung gelten keine Ausflüchte.

Es sei denn, man hat einen Arzt mit guten Beziehungen.

Es war einmal ein armer Mann, der suchte für sein Kind einen Paten. Da kam ein dürrer Geselle vorbei.

«Wer bist du?» fragte der Mann.

«Ich bin der Tod, der alle gleichmacht.»

Der Mann freute sich: «Du bist der Rechte. Du holst den Reichen wie den Armen ohne Unterschied, du sollst bei der Taufe meines Jungen Pate stehen.»

Der Tod war einverstanden.

Als der Junge erwachsen war, führte der Tod ihn in den Wald und zeigte ihm ein besonderes Kraut. «Ich werde dich zu einem berühmten Arzt machen. Immer wenn du zu einem Kranken gerufen wirst, achte darauf, wo ich stehe. Stehe ich am Kopfende des Bettes, so ist das Leiden heilbar. Dann gib dem Kranken von dem Kraut ein, und er wird gesund. Stehe ich aber am Fußende, so gibt es keine Rettung.» Und wirklich wurde der junge Mann rasch wegen seiner unfehlbaren Prognosen berühmt. Eines Tages nun erkrankte die Tochter des Königs, und der Tod stand am Fußende des Bettes. Da drehte der Arzt kurzerhand das Bett um 180°, und schon bald ging es der schönen Prinzessin besser.

*

Heutzutage nennt man so etwas Intensivmedizin. Um jeden Rest von Leben wird mit allen zur Verfügung stehenden Apparaten, mit allen Körperkräften, mit einem Höchstmaß an seelischer Energie gerungen. Kampf bis zur letzten Blutkonserve. Manchmal bis zur Absurdität. Der Tod erscheint als das Böse schlechthin, als GAU der Medizin, als das, was *nicht sein darf*. Psychologen vermuten, das Personal der Intensivstation rebelliere, wenn es einen schwerstkranken 91jährigen reanimiere, unbewußt gegen die eigene Vergänglichkeit. Vielleicht ist es auch nur sportlicher Ehrgeiz. Oder ein bedingter Reflex. Oder die Angst vor dem Eingeständnis, nichts mehr tun zu können. Oder alles zusammen. Für den jungen Menschen ist Gesundheit normal, die Krankheit wird als das Unnatürliche bekämpft, oft erfolgreich. Doch mögen wir auch viele Schlachten gewinnen, den Krieg gewinnt der Tod. Und er muß, er soll triumphieren. Im hohen Alter ist Sterben das Normale, ja, *das Gesunde*, und Lebenserhaltung um jeden Preis vergewaltigt die Natur.

Vor Jahren hatte ich das Glück, einen Herzstillstand zu überleben. Ich denke voll Dankbarkeit an alle Menschen, die mich damals gerettet haben. Wie mein Tod die Schlappe verdaut hat, werde ich hoffentlich erst in einigen Jahren erfahren. Der Tod im Märchen jedenfalls war zornig. Er zerrte den Arzt in eine unterirdische Höhle, in der Tausende von Kerzen brannten. «Siehst du», sprach er, «das sind die Lebenslichter der Menschen. Die großen gehören Kindern, die halbgroßen gehören Leuten in ihren besten Jahren, die kleinen gehören Greisen.» Der Arzt fragte, welches denn *sein* Lebenslicht sei. Der Tod deutete auf einen winzigen Kerzenrest. Im nächsten Augenblick erlosch die Flamme, und der Arzt sank entseelt zu Boden.

Der Tod in diesem Märchen ist kein Bösewicht, eher

ein melancholischer Dämon. Der Arzt ist es, der die göttliche Ordnung stört. Er hat das rechte Maß verloren und kennt seine Grenzen nicht. Eine Berufskrankheit der Medizinmänner? Schon der Ahnherr der Ärzte, Asklepios, wurde vom Göttervater Zeus erschlagen, weil er seine Kompetenzen überschritten und Tote wiederbelebt hatte. Gegen den strafenden Blitz war kein Kraut gewachsen.

Für den Tod wachsen viele Kräuter. Zum Beispiel *Conium maculatum*, der Gefleckte Schierling, ein weißblühendes Doldengewächs. Bei schwerer Schierlingsvergiftung kommt es zu Schwindelgefühl, Erbrechen, Durchfall, man friert, dann breiten sich Gefühllosigkeit und Lähmung aus – beginnend in den Beinen und endend bei den Sprechorganen. Der Tod tritt innerhalb von fünf Stunden durch Atemlähmung ein.

So in etwa muß man sich das Sterben des Sokrates vorstellen. Bei Platon liest es sich beschaulicher (möglicherweise hatte man den Schierlingssaft mit Wein und Opium verfeinert): «Er ging hin und her, dann sagte er, er spüre jetzt, wie seine Glieder schwer würden, und legte sich auf den Rücken; denn so hatte es ihm der Wärter, der das Gift brachte, befohlen. Jetzt fühlte ihn dieser an, und nach einiger Zeit prüfte er seine Füße und Beine; dann drückte er heftig den Fuß und fragte ihn, ob er etwas spüre. ‹Nein›, sagte er. Und darauf dann die Unterschenkel, und indem er immer weiter hinauffühlte, zeigte er uns, wie er allmählich kalt und steif wurde. Und er faßte ihn wieder an und sagte, wenn es bis zum Herzen fortgeschritten sei, dann werde er sterben. Schon war um seinen Unterleib fast alles erkaltet, da deckte er sich noch einmal auf – er hatte sich schon ganz verhüllt –, und sagte: ‹Kriton›, und das waren seine letzten Worte, ‹wir schulden dem Asklepios einen Hahn; entrichte ihm den, und versäume es nicht.›

‹Das soll geschehen›, sagte Kriton; ‹aber sieh, ob du nicht sonst noch etwas zu sagen hast.›

Auf diese Frage gab er keine Antwort mehr. Kurz darauf machte er noch eine Bewegung, und dann deckte ihn der Mann auf, und da war sein Blick gebrochen.»

*

Die Griechen verehrten Asklepios als Gott. Wer von einer Krankheit geheilt worden war, brachte dem Gott ein Dankopfer dar. In den letzten Worten des Sokrates drückt sich also eine ganze Philosophie aus: Leben ist Exil und Krankheit, Tod ist Heimkehr und Erlösung, das wahre Leben ist körperlose Erkenntnis, reine Liebe, und die gibt es nur jenseits des Todes, im Reich der Ideen, im Reiche Gottes.

Zu allen Zeiten hat dieser Glaube fahle Blüten getrieben, im Mittelalter und im Barock genauso wie im 20. Jahrhundert, als Hermann Hesse schrieb:

> «Es wird vielleicht auch noch die Todesstunde
> uns neuen Räumen jung entgegen senden,
> Des Lebens Ruf an uns wird niemals enden …
> Wohlan denn, Herz, nimm Abschied und gesunde!»

*

Bedingt durch den Fortschritt in den Reanimationstechniken, häufen sich in jüngerer Zeit Berichte, welche diese tröstliche Interpretation des Todes untermauern. Gut, zugestanden, diese Zeugen waren *nicht ganz* tot, aber immerhin einige Zeit hart an der Grenze. Nur noch ein Finger zwischen Sarg und Deckel, sozusagen.

Die meisten Schilderungen von Wiederbelebten lassen sich auf einen gemeinsamen Nenner bringen: Der Tod hat keinen Stachel. Im Gegenteil, der Augenblick des Sterbens wird als unbeschreibliches Glück empfunden. Der Sterbende tritt aus seinem Körper heraus, er stürzt durch einen dunklen Tunnel, an dessen Ausgang ihn ein überirdisches Licht erwartet, ein Gefühl grenzenlosen Friedens, wunschloser Seligkeit hüllt ihn ein.

Ein Stimme aus dem Jenseits: «Ich kam an einen Ort, und da waren alle meine Verwandten, meine Großmutter, mein Großvater, ein Onkel, der kürzlich Selbstmord verübt hatte. Sie alle kamen auf mich zu und begrüßten mich. Meine Großeltern waren ... ganz in weiß gekleidet und hatten eine Kapuze auf dem Kopf ... Sie alle sahen gesünder aus als beim letzten Mal, als ich sie gesehen hatte, ... sehr, sehr glücklich.»

Nun ist ein Wiedersehen mit der ganzen Verwandtschaft vielleicht nicht in *jedem* Fall ein Grund für Ekstase. Abgesehen davon gibt es aus Sicht des Biologen berechtigte Einwände gegen metaphysische Folgerungen aus derartigen Erlebnissen bzw. Er*sterb*nissen. Selbst wenn die Berichte subjektiv wahr sind, selbst wenn sich alle derartigen Berichte gegenseitig stützen, ist dadurch noch nichts bewiesen. Euphorie, Lichtvisionen, Lösung der Seele aus dem Körper – die Phänomene des Lazarus-Syndroms treten auch unter dem Einfluß von halluzinogenen Drogen auf. Im Augenblick des Sterbens aber wird der Körper von Streßhormonen überflutet. Wir alle kennen den Realismus von Fieberträumen. Befindet man sich auf der Intensivstation, ist man gewöhnlich mit Medikamenten abgefüllt. Sauerstoffmangel im Gehirn, wie er auch bei Herzversagen auftritt, führt zu Wahnvorstellungen. Es wäre ein Wunder, wenn der Mensch im Augenblick des Ablebens klar im Kopf bliebe.

Die ganze faszinierende Gegenwelt der Nah-Todeserlebnisse wäre demnach nur eine Fehlfunktion des Gehirns, ein Amoklauf des limbischen Systems, ein letztes

Feuerwerk, das der Körper auf Befehl von Gevatter Tod abbrennt, um der Seele den Blick in den Abgrund zu ersparen?

Jedenfalls verändern Begegnungen mit dem eigenen Tod das spätere Leben nachhaltig. «Bei vielen der Befragten blieben eine ausgeprägte Gelassenheit, Demut und Staunen zurück, ebenso ein erhöhtes Bewußtsein des Todes, das jedoch nicht als niederdrückend empfunden wurde, sondern im Gegenteil den Wert des Lebens noch steigerte.» Sterben scheint wie ein Crash-Kurs in Weisheit zu wirken. Glücklich, wer aus dem Abgrund zurückgeholt wird. An die Stelle von Lebenssucht und Todesangst treten «Lebensfreude, weniger Sorgen um materielle Aspekte des Lebens, gewachsenes Selbstvertrauen, Unabhängigkeit und Zielstrebigkeit, intensive Wünsche nach Alleinsein und Meditation, Freude an der Natur sowie Toleranz und Mitgefühl für andere.»

Das deckt sich mit meinen Erfahrungen. Die Welt, in die ich nach meinen Herzoperationen zurückkehrte, war eine andere als die, aus der ich gekommen war. Sie sieht ähnlich aus, aber sie ist nun getränkt mit einem Sinn, quasi positiv aufgeladen, sie «leuchtet» von innen. Es ist das warme, wunderbare Licht der puren Existenz.

Wir auch. Ich sehe mich um und erblicke Menschen (oder, wie die alten Dichter sagten, *Sterbliche)*: Männer und Frauen, Schulkinder und Rentner, Einheimische und Westersteder (japanische Touristen verirren sich kaum je nach Oldenburg). Viele der Menschen, die ich ansehe, lächeln zurück.

*

Als Sokrates sterben sollte, da freute er sich schon auf die Gespräche mit Orpheus, Homer und all den anderen Berühmtheiten, die er im Jenseits antreffen würde. Auf wen freue ich mich? Auf Leo Tolstoi, dessen Erzählung *Der Tod des Iwan Iljitsch* meines Erachtens die wahrhaftigste Schilderung eines Ab-Lebens ist; auf Jean Améry, der eine Apologie des Freitodes schrieb und auf den Vorwurf «Warum bringen Sie sich dann eigentlich nicht um?» zur Antwort gab: «Nur Geduld!»; und nicht zuletzt auf den Stammvater der Philosophie. Mit allen werde ich mich ausführlich unterhalten. Wir haben *dort* ja eine Menge Zeit totzuschlagen. Denn, wie Sokrates so treffend bemerkte, die Toten sind unsterblich.

Zum Weiterlesen empfehle ich:
Wie wir sterben von dem US-amerikanischen Arzt Sherwin B. Nuland (München 1994).

11

DIE FREIHEIT

oder
Sind Sie eine Billardkugel?

«Willensfreiheit ist das bewußte Begreifen des eigenen Lebens. Frei ist, wer sich als lebendig begreift. Und sich als lebendig begreifen heißt, das Gesetz seines Lebens zu begreifen, heißt, danach zu streben, das Gesetz des eigenen Lebens zu erfüllen.» (Leo Tolstoi)

Das Wort «frei» enthält ein Kaleidoskop von Bedeutungen. Freibier ist nicht unbedingt alkoholfrei. Wenn eine Frau sich frei macht, ist sie deshalb noch keine Freifrau. Der Zuchthäusler arbeitet vielleicht im Freien, während der Gefreite den ganzen Tag im Bunker sitzt. Was ist das Gegenteil von «frei»? Unterdrückt? Kostenpflichtig? Besetzt?

Ursprünglich, belehrt mich das Etymologische Wörterbuch, hieß «frei» soviel wie «lieb». Die «Freien» waren diejenigen, mit denen man freundlich, d. h. von gleich zu gleich verkehrte. Die Urbedeutung hat sich in dem Wort «Freier» erhalten sowie indirekt in dem Wort «Freitag». Der 5. Wochentag ist ja niemals arbeitsfrei gewesen, er hat seinen Namen vielmehr von Frija, der altgermanischen Göttin der Liebe.

Das stolze Wort «frei» gehörte der Herrensprache an. Es wurde zum Synonym für alles, was die «lieben» Angehörigen der Oberschicht miteinander verband und sie vom gemeinen Volke, von den Leibeigenen und Sklaven trennte: wirtschaftliche Unabhängigkeit, politische Autonomie und ein durch Bildung und Reisen relativ aufgeklärtes Denken. Kein Wunder, daß alle Menschen sich nach Freiheit sehnten, aber es gab, wenn man nicht zufällig frei geboren war, nur drei Wege zu diesem Ziel: Weg eins, die gnädige Freilassung, war mit Arbeit gepflastert und unsicher. Die Flucht setzte voraus, daß es einen Zufluchtsort gab. Weg Nummer drei, der Aufstand gegen die Unterdrückung, endete gewöhnlich im Massengrab.

Zum Trost und zur Erbauung ersannen die Unfreien sich zwei Philosophien: eine eskapistische, die ein Hit in jedem Gefangenenchor ist: «Die Gedanken sind frei ... Ja, fesselt man mich in finstern Kerker, / so sind das doch nur vergebliche Werke. / Denn meine Gedanken zerreißen die Schranken / und Mauern entzwei. Die Gedanken sind frei!» Selbst Hemdenbügeln, habe ich mir sagen lassen, wird zum Vergnügen, wenn man sich dabei erotischen Träumereien überläßt.

Die zweite Philosophie – in Rousseaus berühmter Formulierung: «Der Mensch wird frei geboren, und überall ist er in Ketten.» – führte wie eine brennende Lunte zur Französischen und Russischen Revolution: «Brüder, zur Sonne, zur Freiheit!» Die Freiheit wäre demnach ein Erbteil des Menschen, das ihm widerrechtlich genommen worden ist und das er sich mit allen Mitteln zurückholen darf. Diese Vorstellung hat religiöse Wurzeln: Die zehn Gebote kennen keine Adelsprivilegien, und die Geschöpfe von Gottvater sind logischerweise alle Geschwister. «Als Adam grub und Eva spann, wer war denn da ein Edelmann?» reimte der englische Priester John Ball bereits im 14. Jahrhundert – und wurde dafür aufgehängt, daß er die Bibel allzu wörtlich nahm. Doch angenommen, die Hoffnungen von 1381, von 1789 und 1917 würden sich eines Tages erfüllen und wir lebten in einem christlichen oder kommunistischen Utopia – wären wir dadurch frei?

David Hume äußerte diesbezüglich einen berechtigten

Zweifel: «Der letzte Schöpfer aller unserer Willensakte ist der Schöpfer der Welt, welcher diese unermeßliche Maschinerie zuerst in Bewegung gesetzt und alle Wesen in die besondere Lage gebracht hat, aus welcher jede nachmalige Begebenheit *mit unvermeidlicher Notwendigkeit* erfolgen mußte.» Wenn die Welt ein Marionettentheater und Gott der Große Puppenspieler ist, dann sind wir weder in unseren Handlungen noch in unseren Gedanken frei, ja, nicht einmal unsere Träume gehören uns …

*

Apropos Traum:

«Angeklagter, Sie haben das letzte Wort.»

Die Indizien sprachen gegen mich. Mein Verteidiger würdigte mich keines Blickes mehr.

«Hohes Gericht», sagte ich, «ich gestehe: Ja, ich habe Waldmann vergiftet.» Ein Raunen ging durch den Saal. «Dennoch verlange ich, freigesprochen zu werden. Erlauben Sie mir, daß ich etwas aushole.» Der Richter drehte Däumchen. «Die Welt ist nicht eine Ansammlung von Dingen, sondern eine Abfolge von Ereignissen. Ein Geschehen reiht sich an das andere, eine ewige Stafette von Ursache und Wirkung, mit unerbittlicher Gesetzmäßigkeit. Wäre unser Verstand grenzenlos, so könnten wir die Entwicklung der Welt vom Urknall bis heute lückenlos rekonstruieren und ebenso die weitere Entwicklung zuverlässig vorhersagen. Denn wie sich der Lauf einer Billardkugel nach einer Karambolage präzise berechnen läßt, so – jedenfalls in der Theorie – auch der Lauf der Welt, das große Billard der Atome.» Der Richter schaute ungnädig auf mich herab. Unbeirrt fuhr ich fort:

«Der Mensch ist eine Welt im kleinen. Auch er ist dem Gesetz von Ursache und Wirkung unterworfen. Das Baby schließt sein Händchen reflexartig um den dargereichten

Finger. Wer in einen schmackhaften Apfel beißt, dem schießt der Speichel in den Mund. Wenn uns jemand beleidigt, wird Adrenalin ausgeschüttet, wir reagieren wütend und vergessen unsere gute Erziehung. Wohlgemerkt: Auch Erziehung bestimmt unser Tun. Moralische Gebote, Gewohnheiten, Vorbilder prägen unsere gesamte Persönlichkeit. Gefühle, Denken, Handeln ergeben sich zwingend aus äußeren Faktoren und innerer Disposition. Letztere ist das Produkt aus genetischer Anlage und erzieherischer Formung.» Der Richter gähnte.

«Weil dem so ist, muß ich darauf bestehen, daß ich *unschuldig* bin. Ich habe Waldmann vergiftet, das ist wahr, aber nicht *aus freiem Willen*. Ich wurde vielmehr das Opfer meiner *Determination*. Schon in der Stunde meiner Geburt, ja schon in der Sekunde des Urknalls stand fest, daß ich, durch unerbittliche Kausalität gezwungen, an jenem Tag das Gift in das Hundefutter mischen würde. Ich habe Waldmann umgebracht, so wie ein morscher Ast, vom Sturm gebrochen, einen Spaziergänger erschlägt. Wird etwa der Baum dafür bestraft? O nein, und zwar aus gutem Grund. Alles ist Kismet, Vorsehung, Fatum, göttliche Programmierung. Alles kommt, wie es kommen muß. Denken Sie an König Ödipus, der ausrief: ‹Ich hab ja wahrlich mehr erlitten, was ich tat, als daß ich es beging.›» Ich setzte mich, der Richter kläffte mich an, dann zog er sich mit seinen Beisitzern unter lautem Gejaul zur Beratung zurück. Ich wachte auf. Unten im Garten heulte Waldmann, der Dackel meiner Nachbarin.

*

Die Willensfreiheit stellt ein äußerst zählebiges philosophisches Problem dar. Der französische Astronom Laplace hat es auf den Punkt gebracht, als er behauptete, jeder beliebige Zustand des Universums lasse sich nach den Gesetzen der Physik aus jedem beliebigen anderen Zustand des Universums erklären. Und warum sollte, was für die Sterne gilt, nicht auch für die Materie allgemein gelten? Und ist nicht auch der Mensch Materie?

Der Glaube an eine Vorsehung, die am Himmel und auf Erden alles sinnvoll lenkt, ist uralt und in vielen Kulturen verbreitet. Die römischen Stoiker beriefen sich fatalistisch auf das *fatum*, den göttlichen «Schicksalsspruch». Das arabische Wort «Kismet» bezeichnet die Ergebung in ein unabänderliches Schicksal. Wenn der Bus Verspätung hat oder ein Krieg ausbricht, dann «hat Allah es so gewollt». Und in der altindischen Bhagavadgita heißt es:

> «In Wahrheit handeln in der Welt
> allein die Kräfte der Natur;
> verblendet durch sein Selbstgefühl,
> der Tor glaubt selbst zu handeln nur.»

Sind wir vielleicht nur virtuelle Helden in einem Computerspiel der Götter? Könnte es nicht sein, daß die Welt ein umfassendes physico-psychisches Programm ist? Oder ist sie ein Videofilm, den Gott gedreht hat und sich jetzt anschaut? Wir Menschen agieren auf dem «Bildschirm» unserer Welt, sind mit unserem Denken und Tun in dieser Schein-Welt gefangen. Weil wir uns an die Zeit der Dreharbeiten nicht mehr erinnern können, glauben wir, frei zu sein. Dabei ist jede unserer Handlungen, auch dieser Essay, im Drehbuch vor-geschrieben. Gelegentlich schaut der Regisseur sich eine Stelle zweimal an. Dann haben wir ein vages Déjà-vu-Erlebnis.

*

Der Video-Vergleich löst mit einem Schlag zwei theologische Probleme:

Das Problem der *Prädestination*: Wenn Gott die Zukunft kennt, dann muß die Zukunft feststehen. Das ist logisch zwingend. Wenn aber die Zukunft feststeht, wie sieht es dann mit Gottes Allmacht aus? Offenbar kann er nur noch hilflos zuschauen, wie sein Film abläuft. Ergo: Gott ist ohnmächtig.

Die Lösung: Wenn die Weltgeschichte ein Videoband ist, dann ist der göttliche Regisseur kein Teil des Films, und er steht außerhalb der Film-Zeit. Er kann das Band beliebig oft abspielen, er kann es auch teilweise löschen, z. B. mittels einer Sintflut, und neue Sequenzen einfügen – oder es auf den Müll werfen.

Das Problem der *Theodizee*: Wenn der liebe Gott alles lenkt, wie kommt dann das Böse in die Welt? Warum ist der Alltag voll von Mord und Totschlag?

Die Lösung: Auch der friedlichste Mensch sieht gern mal einen Abenteuerfilm. Warum sollte Gott keinen Spaß an *action* und Intrigen haben? Und wo gäbe es einen Helden ohne den finsteren Bösewicht, der ihn bis zum letzten fordert? Was wäre James Bond ohne Dr. No & Co.? Leiden sind Bewährungsproben. Wir wachsen an unseren Herausforderungen. Was uns formt, ist das Unglück. Wenn wir es bewältigen, bringt es zum Dank dafür unseren Charakter zum Vorschein.

*

Apropos 007: In jedem Bond-Film gibt es Überraschungseffekte: neue Geheimwaffen und knackfrische Bond-Girls, das Strickmuster aber ist immer gleich. Bond reagiert wie ein Pawlowscher Hund. Jede attraktive Frau löst den Flirt-Reflex aus, jede Bedrohung den eiskalten Konter. Ist Bond, der Verteidiger der westlichen Freiheit, als Mensch in seiner Rolle gefangen? Ein Bond, der plötzlich auf die Idee käme, in die Kommunistische Partei einzutreten, wäre absurd. Genauso sinnlos wäre es, wenn er bei jedem Rendezvous exakt dieselben Sprüche vom Stapel lassen würde. Wir wollen einen Bond, den wir wiedererkennen, der aber immer auch leicht variiert. Er darf sich weder nach dem Zufallsprinzip noch allzu stereotyp verhalten. Wir lieben bei Bond, wie bei unseren Freunden aus Fleisch und Blut, den Wechsel im Gleichen.

Aber damit ist die Frage noch nicht beantwortet: Ist Bond ein Gefangener seiner Rolle? Ich denke, nicht mehr als jeder Normalsterbliche. Wenn mich jemand über Wochen beobachten würde, könnte er auch in meinem Leben diverse Strickmuster erkennen. So kann ich nicht an der «Bücherkiste» vorbeifahren, ohne wenigstens das Philosophie-Regal durchforstet zu haben. Auch der Flirt-Reflex ist rudimentär vorhanden. Der Beobachter könnte mein Verhalten also in vielen Situationen erfolgreich vorhersagen. Er könnte Gesetze formulieren, nach denen ich mich richte («Immer wenn Herr M. am Antiquariat «Bücherkiste» vorbeikommt, geht er hinein.»), und vermuten, ich sei eine Art bibliomaner (und gynäkotroper) Automat.

Aber selbst wenn ich *von außen* so wirke, bin ich deshalb etwa unfrei *im Innern*? Ich stöbere doch aus freiem Entschluß in der «Bücherkiste». Ich selbst habe mir dieses «Gesetz» gegeben. Ja, dieses «Gesetz» *bin ich*, es ist Teil meiner Persönlichkeit und geradezu ein Ausdruck meiner Freiheit.

Eine Ursache für den ewigen Streit um Freiheit und Determiniertheit dürfte in der Doppelbedeutung des Wortes «Gesetz» liegen. Ein Gesetz, wie es vom Bundestag erlassen wird, schreibt etwas vor oder verbietet etwas. Zuwiderhandlung wird bestraft. Ein Natur-»Gesetz» aber ist etwas grundsätzlich anderes. Es verbietet nichts und schreibt nichts vor. Niemand sagt der Erde, daß sie in 365

Tagen um die Sonne kreisen soll. Niemand verbietet ihr, morgen damit aufzuhören. Wenn sie morgen damit aufhören würde, wären damit die Keplerschen Gesetze widerlegt, sonst nichts. Es käme keine intergalaktische Polizei angerast, um den Blauen Planeten in ein Schwarzes Loch zu sperren. Das «Gesetz» des Naturwissenschaftlers ist nur eine *Beschreibung* von Vorgängen, keine zwingende *Vorschrift*.

Wenn ich regelmäßig um die «Bücherkiste» kreise, dann nach dem «Gesetz» des Naturwissenschaftlers, d. h. nach meinem eigenen freien Willen.

*

Nun behaupten Freunde, ich sei bücher*süchtig*, und offenbar beeinträchtigt die Sucht den freien Willen: An manchen Tagen nehme ich mir fest vor: «Heute keine Bücher!», und dennoch verlasse ich eine Stunde später die «Bücherkiste» mit einer zehnbändigen Platon-Gesamtausgabe im Rucksack. *Es* war mal wieder stärker als ich.

Trotzdem bin ich dem Pawlowschen Hund überlegen. Jener weiß nicht um seinen Reflex und sieht keine Notwendigkeit, etwas dagegen zu tun. Ich schon. Und deshalb kann ich die Sucht, diesen Tumor der Unfreiheit in meiner Persönlichkeit, bekämpfen. Odysseus ließ sich an den Mast fesseln, um dem Gesang der Sirenen zu widerstehen. Ich könnte die «Bücherkiste» großräumig umfahren oder, falls das nicht helfen sollte, zum Entzug nach Grönland übersiedeln. In dem Augenblick, da ich meine Sucht als solche diagnostiziere, ist meine Freiheit wiederhergestellt. Ich kann Ja oder Nein zu ihr sagen. Ich kann die Freiheit wählen oder die Abhängigkeit. An dieser Stelle könnte ich einige erhellende Sätze zum Thema Beamtentum einflechten. Ich kann es aber auch lassen. Schließlich bin ich ein freier Autor, und ich lasse mir von niemandem vorschreiben, wie ich dieses Kapitel fortsetzen soll.

Ich mache jetzt einen spontanen Sprung in die Physik. Aber hoppla! Wie ist es möglich, daß ich spontan springen kann? Es heißt doch: «Die Natur macht keine Sprünge». Ist mein Gehirn etwa *widernatürlich*? Jedenfalls arbeitet es nicht nach den Prinzipien der Newtonschen Physik, soviel ist sicher. Es ist kein Uhrwerk. Es ist kein Computer. Es ist *unberechenbar*. Auch wenn jede einzelne graue Zelle in meinem Kopf isoliert, vermessen, gewogen und analysiert ist, auch wenn jeder elektrische Impuls, jede chemische Reaktion meiner Hirnaktivität erfaßt werden könnte, wäre damit nichts gewonnen. Die Frage, wie aus Materie Geist wird, so daß ein überraschender *Einfall* entsteht, bleibt wohl auf absehbare Zeit ungelöst.

Vielleicht ist uns dieses Wissen auch für immer unzugänglich, so wie wir ja auch niemals erfahren werden, wie es im Allerheiligsten des Atomkerns aussieht. Tatsächlich gibt es faszinierende Parallelen zwischen Bewußtseinsphänomenen und Quantenmechanik. Wäre es möglich, daß das Gefühl von Freiheit, das unsere Entscheidungen begleitet, mit der Heisenbergschen Unschärferelation verwandt ist? Könnte es sein, daß mein spontaner Abstecher in die Physik von einem Quantensprung in irgendeinem Winkel meiner Großhirnrinde ausgelöst worden ist? Haben die Wissenschaftler recht, die den freien Willen irgendwo zwischen den Quarks und Gluonen vermuten? Ich weiß es nicht. Ich bin mir jedoch sicher, daß ich allen deterministischen Theorien zum Trotz über einen freien Willen verfüge.

*

Großartig! So sind wir also doch frei! Trotz aller Triebe und Prägungen, trotz aller Erziehung und Manipulation, und obwohl das Sein das Bewußtsein bestimmt! Wir sind

frei! Den Quanten sei Dank! Herrlich! Ja, wir können gar
nicht anders als frei sein! Wunderbar! Wir können nicht
nur tun, was wir wollen – wir können auch *wollen*, was wir
wollen! Wenn das kein Grund zum Feiern ist!

Doch auch in dieser Suppe findet sich ein Haar. Das
Haarige an der Freiheit ist die Verpflichtung, die sie mit
sich bringt. Eine Gottesgabe verplempert, verhökert man
nicht. Man behandelt sie sorgfältig und hält sie in Ehren.
Einer meiner Freunde hat ein Hölderlin-Gedicht an der
Wand seines Arbeitszimmers hängen, in dem es heißt:

> «Alles prüfe der Mensch, sagen die Himmlischen,
> Daß er, kräftig genährt, danken für Alles lern,
> Und versteh die Freiheit,
> Aufzubrechen, wohin er will.»

Die Freiheit verstehen. Das ist nicht leicht. Freiheit wird
heutzutage leicht mit *Freizeit* verwechselt. Dabei ist sie
etwas völlig anderes. Freizeit ist frei von Verpflichtungen,
Freiheit ist frei *für* Verpflichtungen. In der Freizeit suche
ich die Zerstreuung, in der Freiheit bemühe ich mich um
die Konzentration meines Wesens. Die Freizeit flieht vor
den Aufgaben des Lebens. Die Freiheit verfolgt ein Ziel,
einen Sinn, eine Lebensaufgabe.

Jeder Mensch hat seine ganz persönliche Lebensaufgabe. *Eine* Lebensaufgabe aber ist uns allen gemeinsam: Eines Tages muß der freie Wille sich selbst verneinen, damit
wir uns wie ein welkes Blatt vom Baum des Lebens fallen
lassen können.

*

Pünktlich zur Urteilsverkündung war ich noch einmal
eingeschlafen. Der Richter las vor: «Bla bla … in allen
Anklagepunkten determiniert und deshalb unschuldig. Er
wird dazu verurteilt, lebenslänglich frei zu sein.»

«Halt!» rief ich. «Das können Sie doch nicht machen!»

«Im Gegenteil», sagte der Richter mit einem sarkastischen Grinsen. «Ich kann gar nicht anders. Ich bin so determiniert.»

Zum Weiterlesen empfehle ich:
Seminar: Freies Handeln und Determinismus, hrsg. von Ulrich Pothast (Frankfurt/M. 1978).

12

DAS SPIEL

oder
Der Herr der Fliegen

«Das ewige Leben ist ein Kind, spielend wie ein Kind, die Brett-
steine setzend; die Herrschaft gehört einem Kind.» (Heraklit)
«Merke dir: Du hast eine Rolle zu spielen in einem Schauspiel,
das der Dichter bestimmt. Du mußt sie spielen, ob sie lang oder
kurz ist. Erhältst du die Rolle eines Bettlers, mußt du sie ihrem
Charakter nach verkörpern, genauso einen Krüppel, einen König oder Bürger. Deine Aufgabe ist nur, die zugeteilte Rolle gut
zu spielen. Sie auszuwählen liegt in der Hand eines anderen.»
(Epiktet)
«Da ist ja ein riesengroßes Schachspiel im Gang – über die
ganze Welt hin – wenn das die Welt ist, heißt das. Ach welch
ein Spaß! Wenn ich doch auch mit von der Partie sein könnte!
Und wenn's als Bauer wäre, Hauptsache, ich könnte dabeisein
– aber als Königin wäre freilich das *Aller*schönste.» (Lewis Car-
roll, *Alice hinter den Spiegeln*)

Die Spielotheken schießen wie Pilze aus dem Pflaster. Im
Fernsehen haben sich die Game-Shows breitgemacht.
Therapiegruppen haben im Rollenspiel Strategien für
und gegen die «Spiele der Erwachsenen» entwickelt. Jede
neue Generation von Computerspielen setzt Maßstäbe,
was die Perfektion der Virtualität angeht: Die Grenzen
zwischen Spiel und Realität verschwimmen. Die internationalen Finanzmärkte funktionieren, wie man liest, nach
den Gesetzen des Spielkasinos. Wer in der Weltwirtschaft
ein Wörtchen mitreden möchte, bezeichnet sich als *global
player*. Der Bundeskanzler tritt in «Wetten daß ...?» auf.
Kein Zweifel: Der tierische Ernst ist von gestern, das
Spiel hat Hochkonjunktur.

Selbst die strenge Wissenschaft wurde vom Spielfluß unterspült. 1944 erschien in Princeton ein voluminöses Werk über *Spieltheorie und wirtschaftliches Verhalten*. Die Autoren, John von Neumann und Oskar Morgenstern, untersuchen darin mit mathematischer Gründlichkeit das Problem rationalen Verhaltens in komplexen Situationen. In der Sprache des Spiels: «Welche Strategie führt bei gegebenen Spielregeln zum Gewinn?» Das Buch begründete eine neue philosophische Disziplin, die Spieltheorie.

Noch folgenreicher war der Einfluß des Spielerischen auf die Methode. Das begann im Kinderzimmer mit dem Lernspielzeug. In der Schule ersetzte das «Entdeckende Lernen» den lehrerzentrierten, deduktiven Unterricht. Die Neugier auf mögliche Lösungen verdrängte die Angst vor dem Fehler. Speziell am Computer ließ das kindlich-spielerische Lernen die systematischen Anstrengungen der Erwachsenen alt und doof aussehen. Die Genies haben es immer gewußt: Wo innovatives Denken gefordert ist, siegt die Bauklötzchen-Methode: Probieren geht über Studieren, und Versuch macht klug.

Für die philosophische Literatur bedeutet das: Neben der lederzähen Gelehrsamkeit, die es natürlich weiterhin gibt, gedeiht – besonders jenseits des Atlantiks – eine lustvolle Jonglierkunst des Denkens. Wildern ist erlaubt, sofern es der Wahrheitsfindung dient. Science-Fiction-Literatur trägt ebenso zum Durchblick bei wie Zen-Gedichte oder Texte über Teilchenphysik. Nicht einmal Abbildungen sind verpönt! So haben Bücher wie *Gödel, Escher, Bach* von Douglas R. Hofstadter – 2500 Jahre nach Platons witzig-unterhaltsamen Dialogen – das Spiel in der Philosophie rehabilitiert. Wie schön.

*

Doch was ist das eigentlich, ein Spiel?

Der einflußreiche Spielosoph Johan Huizinga hat die folgende ungefähre Eingrenzung des Begriffs vorgeschlagen: «Der Form nach betrachtet, kann man das Spiel ... eine freie Handlung nennen, die als ‹nicht so gemeint› und als außerhalb des gewöhnlichen Lebens stehend empfunden wird und trotzdem den Spieler völlig in Beschlag nehmen kann, an die kein materielles Interesse geknüpft ist und mit der kein Nutzen erworben wird, die sich innerhalb einer eigens bestimmten Zeit und eines eigens bestimmten Raums vollzieht, die nach bestimmten Regeln ordnungsgemäß verläuft und Gemeinschaftsverbände ins Leben ruft ...»

Vieles an diesem Steckbrief des Spiels leuchtet unmittelbar ein. Betrachten wir einige exemplarische Spiel-Varianten:

Das *Schauspiel* steht zweifellos außerhalb des gewöhnlichen Lebens. Es ist beschränkt auf die Bretter, die die Welt bedeuten, und die Dauer einer Vorstellung. Früher trug man Masken und sprach in Versen, dem Idiom der Kunstwelt. Noch heute sind die professionellen Schauspieler ein Völkchen für sich. (Ein bißchen aber schauspielert wohl jeder. Deshalb werden ja, genaugenommen, bei jeder Theatervorstellung *zwei* Stücke gegeben: irgendein Bühnendrama, das dem Publikum präsentiert wird, und das Gesellschaftsspiel «Theaterabend», in dem das Publikum mitwirkt, indem es sich selbst spielt. «Man kommt, um zu schau'n, und stellt sich auch selber zur Schau», schrieb Ovid.)

Der Punkt *«kein materielles Interesse»* gibt zu denken: Marlon Brando verlangt eine Million für jedes Wort, das er sich abringt. Ist das noch Schau-*Spiel?*

Die *Olympischen Spiele* sind ebenfalls ein Spektakel, und sie waren, ähnlich wie das Schauspiel, ursprünglich eine kultische Veranstaltung. Olympisches Feuer, olympischer Eid, olympischer Friede im Zeichen der fünf Ringe – all das greift die kultische Tradition auf. Die Aktiven aus aller Herren Länder leben im Utopia des Olympischen Dorfs. Das Spiel schafft sich eine weltfremde Zelle in Raum und Zeit. Dennoch gibt es einen wesentlichen Unterschied zwischen dem mimetisch-kreativen Spiel auf der Bühne und dem sportlichen Wettkampf, dem *agón*. Auf der Bühne und im Konzertsaal wird um den Ausdruck gerungen, im Stadion um den Sieg. Auf den Olympioniken wartet am Ziel die Goldmedaille, die Verlierer gehen leer aus. Im Theater spielt man nicht gegen-, sondern mit- und füreinander.

Und wie steht es in Olympia mit dem «*materiellen Interesse*»? Die cocacolisierten *games* unserer Tage sind eine gewaltige Geldmaschine geworden. Auf der Aschenbahn aber, will ich glauben, lebt trotz aller Korruptions- und Doping-Affären das Prinzip des fairen Wettkampfs weiter: «Der Bessere möge gewinnen.» Und könnte es nicht sein, daß Marlon Brando, wenn die Kamera erst läuft, seine Rolle ebenso ernst nimmt wie der Hamlet in einer Studentenaufführung?

Schach, das indisch-persische Königsspiel, ist über tausend Jahre alt. Wahrscheinlich hat sich noch keine Partie exakt wiederholt. Die Zahl der möglichen Spielverläufe übertrifft angeblich die Zahl der Atome in unserer Galaxis. Das Spielbrett mit seinen acht mal acht Feldern ist – wie die Bühne oder das Stadionrund – ein magischer Ort:

Ursprünglich stellte es wohl ein Schlachtfeld dar, und die verschiedenen Figuren standen für die Waffengattungen Infanterie, Kavallerie, Streitwagen und Kriegselefanten. Die «Schachbücher» des Mittelalters interpretierten das Schachspiel als ein Abbild der feudalen Gesellschaftsordnung und ihrer Stände. Jede Zeit bringt ihre eigene

Deutung hervor: Der Philosoph und langjährige Schach-weltmeister Emanuel Lasker sah in seinem Spiel ein Modell für das Ringen der Wissenschaft um Erkenntnis. «Die Gegenpartei im Kampfe der erfinderischen Menschheit ist die Schwierigkeit des Problems, ist die gestellte Aufgabe, ist, bildlich gesprochen, die Natur.»

Die poetischste Auslegung stammt von einem persischen Dichter des Mittelalters:

«Welt ist ein Schachbrett, Tag und Nacht geschrägt,
wie Schicksal Menschen hin und her bewegt,
sie durcheinander schiebt und schlägt,
und nachher in die Schachtel legt.»

Das Schwarz-Weiß der Felder und Figuren symbolisiert den Dualismus zwischen Leben und Tod, Gut und Böse. Hier kämpfen die Legionen des Lichts gegen die Mächte der Finsternis. Schach ist ein kosmisches Spiel, kein Kinderspiel.

*

Theater, sportlicher Wettkampf, Brettspiel – das sind drei Varianten des Spiels, auf die Huizingas Definition in etwa paßt. Doch es gibt auch Spiele, für die das nicht gilt: das Wortspiel hält sich nicht an bestimmte Regeln, im Gegenteil; das Liebesspiel ist (hoffentlich!) durchaus so gemeint; und das Mienenspiel hat zwar seinen angestammten Ort, aber weder Anfang noch Ende.

Etwas ganz besonderes ist das *Sprachspiel*. Dieser Begriff wurde von Ludwig Wittgenstein geprägt. Er soll deutlich machen, daß das Sprechen Teil einer Tätigkeit oder Lebensform ist. Abhängig von der Situation, in der man die Sprache gebraucht, gehorcht sie unterschiedlichen Regeln. Es gibt das Sprachspiel «Rätsel raten», das Sprachspiel «Geschichten erzählen», das Sprachspiel «Gebrauchsanweisung» und viele andere. Beispielsweise hat der Ausdruck «Vater» vor dem Familiengericht eine andere Funktion als im Sprachspiel «Gebet», so wie der «Bauer» beim Schach eine andere Rolle spielt als beim Skat.

Besondere Aufmerksamkeit widmete Wittgenstein dem Sprachspiel «Idealistische Philosophie». Dieses zeichnet sich seiner Meinung nach dadurch aus, daß es die Mitspieler in den Wahnsinn treibt. Es trainiere sie darauf, Wörter «wörtlich» zu nehmen und sie so aus dem Regelwerk des jeweiligen Sprachspiels zu reißen.

In der Tat: Wer darauf bestehe, ein Wort habe eine Bedeutung «an sich», d. h. unabhängig von Kontext und Situation, verhält sich so unsinnig wie jemand, der beim Schachspiel zwei Bauern «drückt» oder beim Skat einen «Grand mit achten» ansagt.

Nehmen wir zum Beispiel das Wort «Spiel»: Nach den Regeln des Sprachspiels «Idealistische Philosophie» müßte man, bevor man über Spiele sinnvoll sprechen kann, das Wort «Spiel» definieren, und diese Definition müßte das *Wesen des Spiels* ergründen. Huizinga hat sich alle Mühe gegeben, und doch ist es ihm, wie wir gesehen haben, nicht gelungen, *sämtliche* Spiele unter einen Wesens-Hut zu bringen.

Wittgenstein verlangte deshalb eine Veränderung der philosophischen Spielregeln. «Sag nicht: Es *muß* ihnen etwas gemeinsam sein, sonst hießen sie nicht ‹Spiele›. – sondern *schau*, ob ihnen allen etwas gemeinsam ist. – Denn wenn du sie anschaust, wirst du zwar nicht etwas sehen, was *allen* gemeinsam wäre, aber du wirst Ähnlichkeiten, Verwandtschaften, sehen, und zwar eine ganze Reihe. Wie gesagt: denk nicht, sondern schau! ... Ich kann diese Ähnlichkeiten nicht besser charakterisieren als durch das Wort ‹Familienähnlichkeiten›; ... Die ‹Spiele› bilden eine Familie.»

Wie man vom Schachbauern nicht auf den Skatbauern, wie man vom Großvater nicht auf die Cousine schließen kann, so muß man auch die verschiedenen Facetten eines Begriffes wie «Spiel» sorgfältig auseinanderhalten. Das A und O ist die genaue Beobachtung. Am Tor zu Platons Akademie stand: «Wer nichts von Geometrie versteht, muß leider draußen bleiben.» Wittgenstein hätte für sein Lehrgebäude ein anderes Motto gewählt: «Denk nicht, sondern schau!»

*

Doch auch wenn Wittgenstein richtig lag, war Huizinga deshalb nicht auf dem Holzweg. Denn das Konzept «Familienähnlichkeit» steht nicht unbedingt im Widerspruch zum Konzept «Wesen». Den gemeinsamen Nenner finden wir im Konzept «Stammbaum». Alle Mitglieder einer Familie, so verschieden sie auch aussehen mögen, haben doch *eine Sache* gemeinsam: Sie gehen auf dieselben Ureltern zurück.

Gibt es dementsprechend auch ein Ur-Spiel, eine prähistorische Großmutter aller Spiele? Darüber läßt sich trefflich spekulieren. Auf jeden Fall ist das Spiel älter als die Menschheit. Der Balztanz des Birkhahns, die Balgereien junger Hunde und Katzen, das Theater im Affenkäfig beweisen ja, daß auch Tiere spielen. Also haben schon die ersten Menschen gespielt: Aus dem Imponier- und Reizgehabe der Geschlechter hätten sich dann sukzessive die Kriegsspiele der Männer und die Modespiele der Frauen entwickelt, aus dem Kräftemessen der Kinder wären die kultischen bzw. kommerziellen Wettkämpfe der Erwachsenen geworden. Und Shakespeare ließe sich über ein paar Umwege vielleicht auf das kindliche «Nachäffen» zurückführen.

*

Alles an unserer Kultur, was nicht unmittelbar der Selbsterhaltung dient, trägt mehr oder weniger spielerische Züge: Huizinga hat dies für den Sport, das Militär, die Justiz, den religiösen Ritus usw. nachgewiesen. Wie sehr wir uns auch im alltäglichen Umgang nach «Spielregeln» richten, wird uns spätestens dann klar, wenn wir fremde Kulturen besuchen bzw. von entfernten Verwandten besucht werden. Vor allem aber sind die Kunst und die theoretische Wissenschaft ohne das spielerische Element undenkbar. Kunst und Wissenschaft stellen gewissermaßen die Vollendung dessen dar, was im Sandkasten oder beim kindlichen «Ich seh was, was du nicht siehst» begann.

Deshalb wollte ich dieses Stichwort ursprünglich mit einer pathetischen Laudatio ausklingen lassen, etwa mit dem folgenden Zitat von Egon Friedell: «Alles Wertvolle ist lediglich Spielerei, und alle menschlichen Betätigungen bleiben nur so lange wertvoll, wie sie eine Spielerei sind, oder bekommen erst in dem Augenblick einen Wert, wo sie zur Spielerei werden.»

Doch mir sind Bedenken gekommen. Das Spiel ist nämlich, wie die Freiheit, offen nach beiden Seiten. Das Schachbrett hat auch schwarze Felder. Die Katze spielt mit der Maus. Die Zirkusspiele der Römer waren ekelerregende Blutbäder. Öffentliche Hinrichtungen wurden zu allen Zeiten als «Theater des Schreckens» inszeniert. Auch das Böse spielt. Nicht einmal das Kinderspiel ist harmlos:

Zu meinem neunten Geburtstag bekam ich ein Fußballspiel geschenkt. Es war ein Plastikkasten von der Größe eines Schuhkartons. Über dem grünen Spielfeld ein «Himmel» aus transparentem Kunststoff. Die «Spieler»-Reihen wurden über sechs Tasten bewegt. Durch ein Loch in der Mitte des «Himmels» warf man den Ball, eine silbrige Kugel, ins Spiel. Dann begann ein wildes Gebolze.

Gewöhnlich spielte ich mit den Fliegen, die sich in unsere Küche verirrt hatten. Ich fing sie und bugsierte sie durch das Himmelsloch ins Fußballspiel hinein. Dann ließ ich das Waschbecken vollaufen und setzte das Fußballspiel hinein. Es versank langsam, wie die Titanic. Die Fliegen mußten rechtzeitig das Loch im Himmel finden, um sich zu retten. Schwammen sie erst einmal im Wasser, ersäufte ich sie und ließ sie in den Abfluß strudeln. Das Spiel hieß «Intelligenztest».

Ahnten die Fliegen, daß sie Teil eines Spiels waren? Wir Menschen haben gelegentlich so einen Verdacht. Kommt es Ihnen nicht auch manchmal so vor, als seien die Menschen einer unbegreiflichen Versuchsanordnung ausgeliefert, Objekte einer mitleidlosen Materialprüfung, Crash-Test-Dummies des Schicksals?

> «Was Fliegen sind den müß'gen Knaben,
> das sind wir den Göttern;
> Sie töten uns zum Spaß.»

Das sagt Gloucester in Shakespeares *König Lear*. Auch dies ein Spiel, ein End-Spiel von grausamem Humor und grandiosem Ernst. Lears Leidensgeschichte zeigt die Wahrheit von Verblendung und Scheitern so deutlich, daß sich das alltägliche Leben dagegen wie eine Posse ausnimmt. Lear in Lumpen – das ist die nackte Existenz jenseits aller Maskeraden. Der Mummenschanz findet im Zuschauerraum statt.

Im Parkett und in den Logen sitzen viele kleine Könige, die ihr Gespinst aus Lebensweisheiten für ein verläßliches Netz halten. Lear irrt, erkennt und leidet stellvertretend für jeden von ihnen. Und welcher Mensch gliche nicht ein wenig dem arroganten König des ersten Aktes? Wer wäre nicht stolz auf das Erreichte, Erworbene und Ererbte? Wer wäre nicht überzeugt, ein paar Schäfchen

im Trockenen zu haben? Unser Narr heißt Shakespeare,
und närrisch ist seine Wahrheit:

> «Die ganze Welt ist eine Bühne,
> Und alle Frau'n und Männer bloße Spieler.
> Sein Leben lang spielt einer manche Rollen
> Durch sieben Akte hin ...»

Zum Weiterlesen empfehle ich:
Das Spiel von Manfred Eigen und Ruthild Winkler (München 1975).

13

DIE LOGIK

oder
Wenn Lügner Lügner Lügner nennen

«Ich bezweifle nicht, daß ich sehr dumm bin, aber ich muß gestehen, daß ich Ihnen nicht folgen kann. Zum Beispiel: Wie kamen Sie zu der Schlußfolgerung, daß der Mann intelligent ist?»

Statt einer Antwort setzte sich Holmes den Hut auf. Der Hut rutschte ihm über die Stirn und lag auf dem Nasenbein auf.

«Es ist eine Frage des Volumens», erklärte er, «ein Mann mit einem so großen Kopf muß darin auch etwas Verstand haben.»

(Arthur Conan Doyle, *Der blaue Karfunkel*)

Logische Probleme sind besonders beliebt, wenn sie in Gestalt einer mysteriösen Leiche auftreten. Dann erscheint ein Detektiv am Tatort – Sherlock Holmes, Miss Marple und Inspektor Columbo sind meine persönlichen Lieblinge –, nimmt *corpus delicti* und Drumherum in Augenschein, löchert die Verdächtigen mit Fragen und zieht endlich die richtigen Schlüsse. Der Mörder hat so wenig Chancen, unentlarvt davonzukommen, wie das x in einer einfachen mathematischen Gleichung. Wenn der Überführte dann vor versammelter Mannschaft eine Pistole zieht, um die Freundin des Detektivs als Geisel zu nehmen, kann der Fall als gelöst gelten.

Der klassische Detektiv ist ein Naturtalent. Seine Arbeitstechnik hat er nicht auf der Polizeischule oder in einem Philosophiekurs gelernt. Der Scharfsinn bildet das kalte Herz seiner Persönlichkeit. Entsprechend verkümmert ist sein Liebesleben. Folgendes sagt Dr. Watson über Sherlock Holmes: «Ich halte ihn für die vollkommenste Denk- und Beobachtungsmaschine, die die Welt je gesehen hat, aber als Liebhaber hätte er seine Rolle verfehlt … Für einen geschulten Denker wie Holmes bedeutete das Eindringen von Gefühlen in sein kompliziertes, letztendlich hochempfindliches Wesen einen Störfaktor, der möglicherweise Zweifel an seinen logischen Schlüssen aufkommen lassen konnte. Für ihn wäre ein starkes Gefühl genauso irritierend wie Sand in einem empfindlichen Instrument oder ein Sprung in einem seiner eigenen scharfen Vergrößerungsgläser.»

Holmes ist kein Einzelfall. Der klassische Detektiv wird gern als gefühlsarmer Außenseiter gestaltet, der hart am Abgrund des Pathologischen wandelt. Gerade seine übermenschliche, unmenschliche Distanz befähigt ihn, die Gefühle anderer zu durchschauen. Diese Distanz ist das Geheimnis der Logik.

Denken wir uns als Kontrast einen distanzlosen Kommissar. Nennen wir ihn Herzlich, weil er sich gern von Sympathien und Antipathien leiten läßt. Im aktuellen Mordfall hat Kommissar Herzlich zwei Verdächtige dingfest gemacht, Boris Brutalsky, einen Ex-Boxer mit windschiefer Nase und einer Vorstrafe wegen Tierquälerei, sowie die rothaarige Schauspielerin Lily Luder, bekannt aus der Fernsehserie «Heiße Träume unter Palmen». Wie soll der arme Beamte angesichts von Lily Luders Wimperngeklimper klaren Kopf bewahren? Wie soll er sachlich recherchieren, während er unablässig davon träumt, die Frau persönlich in Handschellen abzuführen?

Weil Herzlich seine Schwäche kennt, greift er zu einem alten Trick und *anonymisiert* die Aussagen der beiden Verdächtigen. Er schreibt ein großes A auf ein Blatt Papier, dahinter die Aussage von Boris Brutalsky, sowie ein großes B mit der Aussage von Lily Luder. Dann liest er die Aussagen kritisch «ohne Ansehen der Person», und sofort

springt ihm die Wahrheit ins Auge. Während B ein lük-
kenloses Alibi vorweisen kann – Probeaufnahmen für
«Coole Träume unter Krüppelkiefern»-, hat A sich ver-
plappert: «Ich war zur Tatzeit im Kino. Im Apollo-Kino.
Hier ist die Eintrittskarte.»

Kommissar Herzlich reibt sich die Hände. Der Fall ist
gelöst: Der Mord wurde nämlich *im Apollo-Kino* verübt!
Ein Triumph der kriminalistischen Logik!

*

Die philosophische Logik funktioniert vergleichbar. Auch
ihr geht es um die Ausschaltung von Gefühlen und Vor-
urteilen, allerdings auf einer anderen Ebene. Während in
der Kriminalistik die Aussage von der aussagenden Person
abstrahiert wird, blendet die philosophische Logik den
Inhalt der Aussage aus und konzentriert sich auf die gedankliche Struktur. Von der Aussage «Immer wenn Holmes einen Fall gelöst hat, gönnt er sich eine Pfeife» bleibt
auf dem logischen Röntgenbild nur «Wenn p, dann q»
stehen. Diese Reduzierung auf das Wesentliche kann ver-
steckte Widersprüche in komplizierten Argumentations-
ketten enthüllen.

Positiv gewendet, gibt Logik die Regeln an, nach denen aus anerkannten Wahrheiten neue Erkenntnisse ge-
schlossen werden können. Angenommen, wir hätten zusätzlich zum obigen Satz aus sicherer Quelle erfahren:
«Holmes hat einen Fall gelöst.» Dieser Satz schrumpft
auf dem Röntgenschirm zu einem mageren «p» zusammen. Nun können wir eine elementare logische Schluß-
regel, den sogenannten *modus ponens*, anwenden:

Wenn p, dann q.
Und p.
Also q. («Also gönnt Holmes sich eine Pfeife.»)

Wir müssen nicht beobachten, wie hinter den Fenstern von Holmes' Junggesellenwohnung in der Baker Street Rauch aufsteigt, um zu wissen, daß Holmes raucht. Wenn die ersten beiden Zeilen des *modus ponens* als wahr vorausgesetzt werden, dann *muß* auch die dritte Zeile, die Folgerung, zutreffen. D. h., wir haben durch Kombination von zwei Informationen mühelos eine dritte gewonnen. Sherlock Holmes selbst hätte es nicht besser machen können.

Der *modus ponens* gehört zum Kleinen Einmaleins der Logik, doch er kann Erstaunliches leisten, wie der folgende Gedankengang beweist:

Jeder Detektiv weiß: Wenn es ein Mordopfer gibt, dann gibt es auch einen Mörder. Allgemein gesprochen: Keine Wirkung ohne Ursache. Oder, in logischen Begriffen: Keine Folge ohne Grund.

Davon ausgehend, kombinierte Aristoteles, der Stammvater der traditionellen Logik:

«Wenn die Welt in Bewegung ist, dann muß etwas diese Bewegung ausgelöst haben.
Die Welt ist in Bewegung.
Also muß etwas diese Bewegung ausgelöst haben.»

Aber was konnte das kosmische Mobile angetickt haben? Der Mensch hatte ein Alibi vorzuweisen, da er selbst nur ein Teil der Welt war, ebenso jedes andere endliche Wesen. Folglich mußte ein Ganz Großer Unbekannter für den Initialschubs verantwortlich sein. Aristoteles nannte ihn den «ersten unbewegten Beweger». Auf den populären Begriff gebracht, heißt das: Gott.

*

Über Gott gibt es mindestens so viele Theorien wie über Jack the Ripper. Spätestens seit Kant gilt es jedoch als ausgemacht, daß sämtliche «Gottesbeweise» entweder auf falschen Voraussetzungen beruhen oder schlicht Trug-schlüsse sind.

Der Trugschluß heißt so, weil er dem gültigen Schluß zum Verwechseln ähnlich sieht. Er ist eine Fata Morgana in der logischen Landschaft, ein Wechselbalg in der Wiege der Wahrheit. Für den Logiker ist die Trugschlußdiagnose deshalb genauso wichtig wie für den Detektiv die Auskunft des Gerichtsmediziners.

Bleiben wir bei unserem Ausgangsbeispiel und vergleichen wir die folgenden Schlüsse:

A) Immer wenn Holmes einen Fall gelöst hat, gönnt er sich eine Pfeife.
Nun hat er gerade einen Fall gelöst.
Also gönnt er sich eine Pfeife.

B) Immer wenn Holmes einen Fall gelöst hat, gönnt er sich eine Pfeife.
Nun gönnt er sich eine Pfeife.
Also hat er gerade einen Fall gelöst.

Beide Argumentationen wirken auf den ersten Blick überzeugend, und doch gibt es einen himmelweiten Unterschied. A ist, wie wir gesehen haben, logisch zuverlässig. Ganz anders liegt die Sache beim Beispiel B. Es wäre ja möglich, daß Holmes jahrelang keinen Fall löst. Soll er deshalb etwa das Rauchen aufgeben?

Nein, das wollen wir ihm nicht zumuten. Ein Rückschluß von der Folge auf den Grund nach dem Schema

Wenn p, dann q.
Und q.
Also p.

ist unzuverlässig und deshalb unzulässig.

*

Man glaube nicht, daß Trugschlüsse seltene Ausnahmen seien. In der Praxis – wie im Hollywood-Film – kommen auf jeden logischen Schluß neunundneunzig *verlogene*. Die meisten davon nehmen wir für bare Münze. Sie erscheinen plausibel, und Plausibilität ist in der Regel besser als ein stringenter Beweis, den eh kein Mensch versteht.

Hier die Top 13 unserer geistigen Kurzschlüsse:

1) Der Fehlschluß von sich auf andere. («Ich finde Max Goldt genial, du wirst ihn bestimmt auch mögen.»)

2) Der Fehlschluß von Gefühlen auf Tatsachen, vom Wunsch auf die Wirklichkeit. («Ich liebe Gwyneth Paltrow, sie muß ein wunderbarer Mensch sein.»)

3) Der Fehlschluß von Einzelbeobachtungen auf eine Naturgesetzlichkeit.

Wenn sich ein Vorgang über längere Zeit regelmäßig wiederholt, meinen wir, daß dem eine Gesetzlichkeit zugrunde liegen müsse. «Jeden Morgen geht die Sonne auf, jeden Abend unter. Das ist so, das war so; folglich wird es immer so sein.» Aber nun stellen wir uns eine Zivilisation von Blutkörperchen vor, die in einem menschlichen Körper Achterbahn fährt. Nach ein paar Jahren im Kreislauf behauptet eine geniale Leukozyte, die Herzpumpe arbeite *bis in alle Ewigkeit*. Die anderen Blutkörperchen reagieren skeptisch: Nichts sei von Dauer. Doch Jahrzehnt um Jahrzehnt vergeht, und das Herz schlägt immer noch. Als der Körper seinen hundertsten Geburtstag feiert, wird die Ewigkeitshypothese allgemein akzeptiert. Man setzt der genialen Leukozyte einen Thrombus als Denkmal ...

4) Der Fehlschluß von der Vergangenheit auf die Zukunft. («Die Geschichte entwickelt sich auf ein bestimmtes Ziel hin. Wir können daher, so wie wir aus der Flugkurve eines Geschosses seinen Einschlagsort berechnen können, so wie sich der Wachstums-, Reifungs- und Alterungsprozeß eines Organismus vorhersagen läßt, nach

einem gründlichen Studium der Geschichte auch die Entwicklung der menschlichen Gesellschaft prognostizieren.»)

5) Der Fehlschluß vom Sein auf das Sollen.

Die Welt an sich ist weder gut noch schlecht. Steine, Wolken, Pflanzen sind zu nichts verpflichtet. Der Weiße Hai pfeift auf die Zehn Gebote. Die Moralgesetze wurzeln nicht in der Natur, sie sind eine Erfindung der Menschen.

Ich gehe an einem See spazieren. Da bemerke ich einen Schwimmer, der heftig mit den Armen rudert und schreit: «Hilfe! Ein Krampf! Ich ertrinke!» – «Interessant!» sage ich. «Lassen Sie sich durch meine Anwesenheit nicht stören!» – «Hilfe! Sie *müssen* mich retten!» – «Wieso denn?» – «Haben Sie nie vom Kategorischen Imperativ gehört?» – «Ich glaube an das Prinzip der Nichteinmischung.» – Er planscht empört: «Man wird Sie wegen unterlassener Hilfeleistung belangen!» – «Nein», sage ich. «Aus der bloßen Tatsache Ihres Ertrinkens läßt sich nicht ableiten, daß ich Ihnen helfen muß. Und ist es etwa meine Schuld, wenn ich keinerlei moralisches Gesetz in mir empfinde? Ist etwa ein Blinder schuldig, weil er nicht sieht? Im übrigen kann uns hier niemand sehen.» – «Hilf-urgel ...» Weg ist er. Mein Verhalten in dieser Situation war logisch korrekt.

6) Der Fehlschluß von der Quantität auf die Qualität. («Mist schmeckt gut. Milliarden von Fliegen können sich nicht irren.»)

7) Der Fehlschluß von einer gewissen Ähnlichkeit auf die Identität: Diese Fehleinschätzung ist schon sechs Geißlein und einer großen deutschen Illustrierten zum Verhängnis geworden.

8) Der Fehlschluß von einer Folge auf einen Grund (s. o.):

Onkel Alois hat einen Herzinfarkt erlitten. Völlig überraschend, denn Onkel Alois raucht nicht, treibt Sport, und sein Cholesterinspiegel stagniert auf einem Traumwert. Aber es muß sich doch eine Erklärung finden lassen! Von nichts kommt nichts. «Haben Sie in letzter Zeit Streß gehabt?» fragt der Kardiologe. «Naja», brummt Onkel Alois, «irgendwie schon. Ich hab' mir Sorgen um meine Gesundheit gemacht.» Der Arzt nickt vielsagend und verordnet ihm einen Kurs «Autogenes Training». Und wenn Onkel Alois die Frage glatt verneint hätte? Desto schlimmer, denn jeder Mensch hat Streß, und verdrängter Streß ist *besonders* gefährlich.

9) Der Fehlschluß vom Klang eines Wortes auf seine Bedeutung. («Man ist, was man ißt.»)

10) Der Fehlschluß vom Preis einer Ware auf ihre Qualität.

11) Der Fehlschluß von einer Statistik auf die tatsächlichen Verhältnisse.

12) Der Fehlschluß von dem, was einer verspricht, auf das, was einer halten will.

13) Last not least: Der Fehlschluß vom Wort auf die Sache, vom Satz auf den Sachverhalt, von der Geschichtsschreibung auf die Geschichte: Wörter werden erfunden, weil sie etwas über die Welt aussagen sollen. Aber die Elemente der Sprache stehen nicht nur in Beziehung zur Welt, sie haben auch interne Beziehungen. Sätze richten sich nach der Grammatik, nicht nach den Naturgesetzen, die Weltgeschichte folgt nicht, wie uns die Geschichtsschreibung glauben machen will, einer geheimnisvollen Dramaturgie. Nur allzugern übertragen wir Strukturen der Sprache zurück in die Welt der Tatsachen. Das Ergebnis ist ein *logomorphes*, d. h. «sprachähnliches» Weltbild mit (in deutschen Landen) drei Geschlechtern, drei Zeitstufen, Aktiv und Passiv sowie einem Inventar, das dem

Wortschatz entspricht. Das Dumme an diesem Fehlschluß ist, daß wir ihm nicht entkommen können. Die Sprache ist ein Gefängnis mit unsichtbaren Mauern, in dem unsere Vorstellungskraft ihr Lebenslänglich absitzt. Und die Logik ist die Anstaltsordnung, die fleißig ignoriert wird.

*

Zum Schluß eine hypothetische Frage: Sollte man den Menschen mehr Logik einbläuen? Wäre es ein lohnendes Projekt, alle Fehlschlüsse durch Genmanipulation zu eliminieren, so daß lauter kleine Sherlocks heranwüchsen? Wieviel Logik braucht der Mensch?

Blaise Pascal, ein begnadeter Mathematiker und Mystiker, gab darauf eine typische Antwort: «Nur ein Schilfrohr, das zerbrechlichste in der Welt, ist der Mensch, aber ein Schilfrohr, das denkt ... Unsere ganze Würde besteht im Denken, an ihm müssen wir uns aufrichten und nicht am Raum und an der Zeit, die wir doch nie ausschöpfen werden. Bemühen wir uns also, richtig zu denken, das ist die Grundlage der Sittlichkeit.»

Pascal steht in einer langen Reihe von Philosophen, die «das richtige Denken» zum Kern des Menschseins und zum Keim der Tugend erklärt haben. Doch das beweist lediglich, wie ansteckend der egozentrische Fehlschluß (Nr. 1) ist. Der religiöse Mensch sucht das Heil im Glauben, der Tatmensch in der Unternehmung und der Vernunftmensch selbstverständlich – in der Logik. Dabei lehrt die Erfahrung, daß der Mensch weit mehr als eine Rechenmaschine ist und daß logisches Denken weder glücklich macht noch gut. Einem Heer von Sherlocks würde im Nu eine Armee von genialen Schurken gegenübertreten. Und wo bliebe die Liebe?

Nein, es wäre wohl absurd, das Spielzeug der Philosophen zum Pflichtfach für alle zu machen.

Der Mensch ist nun mal ein schlampertes Wesen, ein unberechenbares Wesen, ein liebenswerter Chaot, ein Odysseus ohne Ithaka, ein Kompaß ohne Norden, ein Vogel ohne Nest. Sein Wegweiser ist der Wetterhahn. Es wäre nicht allein ein hoffnungsloses Unterfangen, sein Leben fest in ein logisches Korsett schnüren zu wollen, sondern auch – unlogisch. Logisch, oder?

Zum Weiterlesen empfehle ich:
Eike von Savignys Bücher *Grundkurs im logischen Schließen* und *Grundkurs im wissenschaftlichen Definieren* (München 1970 bzw. 1976).

14

DIE ZEIT

oder

Das Uhren-Universum

«Dreifach ist der Schritt der Zeit: Zögernd kommt die Zukunft hergezogen, pfeilschnell ist die Gegenwart entflogen, ewig still steht die Vergangenheit.» (Friedrich Schiller)

«O tempora, o Moser!» (Ein Lateinlehrer)

Kommen Sie mit mir in die Sauna? Lassen Sie uns ein wenig über die Zeit schwatzen. Die Sauna ist der perfekte Ort dafür, denn hier zeigt sich die Zeit im Naturzustand. Auf den Pritschen lagern nackte menschliche Körper in unterschiedlichen Stadien der Alterung. Haut, Haare, Hüften tragen die Spuren der Zeit – schauen wir lieber nicht allzu genau hin. Schauen wir lieber auf die schöne Maserung der Holztäfelung, und was ist die Maser anderes als Zeit, eingefangen in Jahresringen? Schließlich hängt neben der Tür eine gläserne Sanduhr mit einer Laufzeit von schweißtreibenden fünfzehn Minuten. Sehen wir dem rieselnden Sand ein Weilchen zu ...

Die Zeit *verrinnt*. Aber wir nehmen sie nur wahr, weil sie zugleich in unserer Erinnerung *gerinnt*. Ohne Erinnerung kein Zeitgefühl. Unser Gehirn archiviert die Zeit und rettet sie vor dem Vergessen – eine Zeitlang. Ein allgemeineres Zeitarchiv ist die Sprache. Auch in Wörtern und Redewendungen steckt verronnene, geronnene Zeit. Das Bild des «Verrinnens» z. B. geht auf jene Zeit zurück, da die Stunden noch mit Hilfe von Sanduhren gemessen wurden. Das Stundenglas ist seit dem ausgehenden Mittelalter ein Symbol der Vergänglichkeit, ein eindringliches *memento mori*. Auch die Sauna-Sanduhr regt zu allerhand tiefsinnigen Betrachtungen an: Warum z. B. erscheint uns die zehnte Minute im Schwitzkasten, zumal nach einem Aufguß, so viel länger als die erste Minute?

*

Viel, viel älter als das Stundenglas ist die Sonnenuhr. Anaximander von Milet soll um 550 v. Chr. das erste abendländische Exemplar gebaut haben, aber wahrscheinlich richteten sich bereits die Schichtwechsel beim Bau der Pyramiden nach dem *gnomon*, dem senkrechten Schattenstab. Auch die Wasseruhr – sie funktioniert nach dem Prinzip des tropfenden Wasserhahns – ist eine relativ frühe Erfindung. Die Chinesen der Sung-Dynastie, Zeitgenossen der Kreuzritter, bauten haushohe, plätschernde Wunderwerke der Zeitmessung. Die Herrschaft der mechanischen Uhren begann erst im Spätmittelalter. Ein wichtiger Grund für das wachsende Interesse an der exakten Zeit waren Klosterregeln, die Gebete zu bestimmten Stunden vorschrieben. Woher sollten die Brüder an einem finsteren Wintermorgen wissen, wann sie ihre Laudes anzustimmen hatten? Pünktlichkeit wurde ein Gebot, und wer verschlief, kam nicht in den Himmel.

Die Geschichte der Uhr ist auch eine Geschichte der Miniaturisierung. Das urtümliche Räderwerk, das Mitte des 14. Jahrhunderts im Straßburger Münster eingebaut wurde, war noch knapp zwölf Meter hoch. Im Hausflur meiner Großeltern ticktackte eine imposante Standuhr, die mich immer an den Wolf und das siebente Geißlein erinnerte. In der Digitaluhr, die ich am Handgelenk trage, mißt angeblich ein unter Strom gesetztes Quarzkristall die Zeit. Ein [133]Cäsium-Isotop schwingt, wie ich mir habe sagen lassen, exakt 9 192 631 770 mal pro Sekunde, was die

Fehlertoleranz der Atomuhr auf eine Sekunde in dreihundert Jahren reduziert.

Die Zeiten ändern sich, und wir mit ihnen: Vor dreihundert Jahren ließ man sich noch vom Hahnenschrei wecken und ging mit den Hühnern zu Bett. Die Feldarbeit wurde unterbrochen, wenn die Sonne über dem Kirchturm stand. Wollte man am Abend noch ein wenig im neuesten Schäferroman schmökern, so sagte man sich aus Sparsamkeit: «Nur eine halbe Kerzenlänge.» Man konnte der Zeit zuhören, man konnte sie beobachten und mit Händen greifen. Sie war weich und dehnbar.

Die Stechuhr dagegen ist unbestechlich. Die Zeit, die uns heute beherrscht, ist eine abstrakte Größe, sie ist bürokratisiert, homogenisiert, globalisiert und kapitalisiert. Ja, auch kapitalisiert, denn Zeit ist Geld, das macht mir der Gebührenzähler meines Telefons jeden Tag aufs neue klar. Wer Zeit verliert, verliert Geld, und wer Geld hat, kann sich Zeit leisten, entweder direkt, in Form von Ferien, oder indem er sich einen Park von Zeitsparmaschinen zulegt, ein schnelleres Auto, die neueste Software, eine Geschirrspülmaschine. Gegenüber den grauen Herren von der Zeit-Spar-Kasse, die heute den Zeitgeist verkörpern, wirkt Saint-Exupérys kleiner Prinz ein bißchen *out of time*:

Als ein Händler ihm eine Pille anbot, die den Durst für eine Woche löschen sollte, fragte der kleine Prinz nach dem Nutzen.

«Das ist eine große Zeitersparnis», sagte der Händler. «Man erspart dreiundfünfzig Minuten in der Woche.»

«Und was macht man mit diesen dreiundfünfzig Minuten?»

«Man macht damit, was man will ...»

«Wenn ich dreiundfünfzig Minuten übrig hätte», sagte der kleine Prinz, «würde ich ganz gemächlich zu einem Brunnen laufen ...»

Der Brunnen vor dem Tore war eben mehr als eine Wasserzapfstelle. Am abendlichen Brunnen ließ sich das Gänseliesel zu einem Kuß überreden. «Um dunkle Brunnenränder, die verwittern, im Wind sich fröstelnd blaue Astern neigen», dichtete Georg Trakl, bevor er das Zeitliche segnete. Klingt irgendwie romantischer als: «Um blanke Armaturen aus Nirosta im Wind sich fröstelnd blaue Astern neigen.» In den unheimlichen Tiefen des Brunnens wohnte ein verzauberter Prinz. Im Wasserhahn wohnt allenfalls der Kalk. Das Wasser, das ihm entströmt, gleicht der modernen Zeit: Es ist geklärt und gechlort, heimat-, geschichts- und geschmacklos. Und es steht immer unter Druck. Am Brunnen stand eine hundertjährige Linde. Neben dem Wasserhahn steht die Prilflasche.

Wasserhähne, Tiefkühlfach, Musikkonserven – wir haben uns daran gewöhnt, daß die Gebrauchsgegenstände unabhängig von Jahres- und Tageszeiten funktionieren. Wir Menschen aber entpuppen uns als Anachronismen in dieser schönen, zeitlosen Welt. Vergeblich versucht Charlie Chaplin in «Modern Times», mit dem Fließband Schritt zu halten. Der Mensch ist chronisch unzuverlässig. Unsere biologische Uhr geht nach dem Mond. Wenn ich meinen Puls messe, fällt mir der Unterschied ins Auge. Gleichförmig ruckt der Sekundenzeiger der Armbanduhr im Kreis, während die Blutuhr am Handgelenk mal hüpft und mal humpelt. Ein völlig regelmäßiger Puls verrät den Herzschrittmacher. Das persönliche Zeitgefühl orientiert sich nicht am Cäsium-Atom, es reagiert auf Hormone und Ortsveränderungen. Auf Reisen gibt es auch eine innere Zeitverschiebung. Die Zeit vergeht dann wie im Fluge, wohingegen sie dem Stubenhocker oft stillzustehen scheint, zumal wenn der Fernseher defekt ist und der Mann vom Kundendienst sich Zeit läßt.

Uhren, wohin man blickt. Und auch dort, wo man

nicht hinsehen kann. Ist nicht jedes Lebewesen ein Zu-
sammenspiel von organischen Uhren? Haut und Haare,
die Keimdrüsen, das Herz, die Augen, das Gehirn – es
gibt keinen Körperteil, in dem nicht ein Countdown ab-
liefe. Ja, sogar der Blick in ein Pferdemaul enthüllt den
Zahn der Zeit.

*

Was aber ist eigentlich die Zeit?

«Etwas ganz Offenkundiges und Alltägliches, und
trotzdem bleibt es hoffnungslos verborgen, und etwas
Unerhörtes ist des Rätsels Lösung», wunderte sich der
heilige Augustinus. «Wenn niemand mich danach fragt,
so weiß ich es; will ich es dem Fragenden auseinanderset-
zen, so weiß ich es nicht.» So kann man wohl kaum behaupten, die Zeit *existiere*. Die Vergangenheit nämlich
existiert *nicht mehr*, die Zukunft aber existiert *noch nicht*.
Bleibt die Gegenwart. Die jedoch ist nur ein kontinuier-
liches Umschlagen der Zukunft in die Vergangenheit,
eine gedachte Linie zwischen Erwartung und Erinnerung,
oder, wie Augustinus nüchtern konstatierte, «die Gegenwart umfaßt keinen Zeitraum». Die Gegenwart dauert
keine Stunde, keine Minute, keine Sekunde, sie dauert
überhaupt nicht. Wenn also die Vergangenheit nicht *ist* und
die Zukunft nicht *ist* und die Gegenwart *nichts* ist, *was ist
dann die Zeit*?

Immanuel Kant war ein pünktlicher Mensch. Er hielt
seine Tagesroutine so minutiös ein, daß die Königsberger
angeblich ihre Uhren nach ihm stellen konnten. Vielleicht
glaubte er deshalb, daß die Zeit ein dem Menschen ange-
borenes Ordnungsprinzip sei. Wie die Welt tatsächlich
aussehe, stehe in den Sternen. Ob es eine absolute, d. h.
von Gegenständen und Lebewesen unabhängige Zeit
gebe, könne niemand sagen. Man wisse aber, daß der

Mensch seine Eindrücke zuerst einmal räumlich und zeitlich einordne. Tatsächlich sind ja die ersten Fragen, die
einem einfallen, wenn man in fremder Umgebung aus
tiefem Schlaf erwacht: Wo bin ich? Und wie spät ist es?
In-der-Welt-Sein bedeutet immer auch *In-der-Zeit-Sein*.

Bilden Raum und Zeit bei Kant schon ein Pärchen, so
verschmelzen sie in der modernen Physik zur vierdimen-
sionalen *Raumzeit*. Die Zeit – nur eine weitere Dimension
neben Länge, Breite und Höhe? In gewisser Weise schon.
Betrachten wir die raumzeitliche Welt vom Standpunkt
des Hier und Jetzt:

Länge:	links	–	hier –	rechts
Breite bzw. Tiefe:	hinten	–	hier –	vorn
Höhe:	unten	–	hier –	oben
Zeit:	früher	–	jetzt –	später

Die Gegenwart ist also nichts anderes als die Nullkoordi-
nate der Zeit.

Trotzdem, gegenüber dem altvertrauten Tripel der
räumlichen Dimensionen wirkt die Zeit irgendwie exo-
tisch. Was aber macht sie so *anders*? Die Relativität ihrer
Wahrnehmung ist es nicht. Wenn wir einen Spaziergang
in einer fremden Umgebung machen und irgendwann
kehrtmachen, um auf demselben Weg zurückzumarschie-
ren, dann kommt uns der Rückweg nicht nur zeitlich,
sondern auch räumlich kürzer vor als der Hinweg. Aber
wir sind auf der richtigen Fährte: In der Zeit nämlich ist
eine Umkehr unmöglich. Der Weg in die Vergangenheit
ist uns versperrt, außer in der Erinnerung und in der
Science Fiction.

Das hat mit dem sogenannten *Entropie-Gesetz* zu tun.
Es besagt, daß die «Unordnung» (physikalisch: Entropie)
in der Welt stetig zunimmt und der Kosmos sich unauf-
haltsam in eine Müllhalde verwandelt. Mit jeder Sekunde

schleudert die Sonne Unmengen von Energie in den Raum, und alle Schwestergestirne tun es ihr gleich. Eines Tages wird die Sonne ausgebrannt sein, und alle Schwestergestirne mit ihr. Alle Energie wird gleichmäßig im Raum verteilt sein, und unser schönes Universum wird aussehen wie eine Wüste voll Astralschrott. D. h., es wird natürlich gar nicht irgendwie *aussehen*, denn es wird völlig lichtlos sein, und es wird auch keine Fledermäuse geben, die in der ewigen Nacht «sehen» könnten. Die Wärmeenergie wird sich gleichmäßig verteilt haben, so daß kein Energiefluß mehr stattfindet. Dann wird auch kein Leben mehr möglich sein, alle Uhren, organische wie anorganische, werden abgelaufen sein, und die Zeit wird zum Stillstand kommen. Dieser Prozeß läßt sich nicht umkehren, so wie sich ja auch keine Uhr von selbst aufzieht.

Ob so ein stilles Verenden unangenehmer wäre als ein spektakulärer Kollaps des Universums inklusive Endknall, das ist wohl eine Frage des Geschmacks. Die Menschheit hat in jedem Fall noch genügend Zeit, ihr Testament zu machen.

*

Aber halt! Werfe ich nicht, wenn ich mein unordentliches Zimmer aufräume und die herumliegenden Bücher zurück ins Regal stelle, eben dadurch das Entropie-Gesetz über den Haufen? Keineswegs, denn die Anstrengung des Aufräumens verursacht einen beschleunigten Stoffwechsel im Körper, und die dadurch bewirkte «Unordnung» macht die neue Ordnung in den Regalen mehr als wett. Trotzdem kann man mit einer gewissen Berechtigung sagen, daß es dem Leben eine Zeitlang gelingt, sich erfolgreich gegen die Entropie zur Wehr zu setzen. Ein toter Körper verfault in wenigen Tagen. Ein lebender Körper hält sich an die hundert Jahre ganz ordentlich, indem er beständig Entropie ausscheidet und so die Entropie in seiner Umwelt vergrößert.

So gesehen, ist das Leben ein einziges Rückzugsgefecht im Kampf gegen den Verfall und – besonders in der zweiten Lebenshälfte – der Versuch, die Zeit mit Hilfe von Kosmetik, Medizin und Gehirnjogging zum Stillstand zu bringen.

Die erbittertsten Schlachten gegen die Zeit schlugen die alten Ägypter. Ungezählte Sklaven ließen ihr Leben bei dem Projekt, einen Pharao unsterblich zu machen. Jahrtausende haben den großen Pyramiden kaum etwas anhaben können. Und wenn Michael Crichton den Tyrannosaurus Rex aus einem konservierten Blutstropfen wiederbeleben konnte, warum sollte nicht auch König Tut-ench-Amun irgendwann auferstehen? Er wäre sicher eine Sensation im «Mumien-Park».

Die fürchterlichste Waffe, die Ägypten gegen die Zeit erfunden hat, war die Hieroglyphe. Die Schrift gibt uns die Möglichkeit, Gedanken festzuhalten. Die fixierten Gedankengänge können problemlos, durch einfaches Abschreiben nämlich, «geklont» und beliebig vervielfältigt werden. So wurde die Heiterkeit Homers unsterblich, so wurde Sapphos Liebeskummer im Gedicht verewigt. Und wenn wir Platon lesen, glauben wir Sokrates auf dem Marktplatz von Athen philosophieren zu hören.

Die modernen Waffen in diesem Kampf – Fotoapparat, CD, Computer – sind von beeindruckender Effizienz. Wenn wir dem Augenblick zurufen möchten: «Verweile doch, du bist so schön!», genügt ein Druck aufs Knöpfchen. Wir hören die Callas singen und sehen zum zehnten Mal «Casablanca». Unsere Unterhaltungsprogramme sind voll von lebenden Toten, und schon ist es möglich, Humphrey Bogart virtuell wiederzubeleben, gerade rechtzeitig für die Verfilmung von «Casablanca II».

Und trotzdem macht der Mensch eine traurige Figur, wenn er sich verzweifelt an die Zeit klammert. Es ist wie der Versuch, über den eigenen Schatten zu springen. Die Zeit zerfließt uns in dem Moment, da wir sie zu packen glauben, zwischen den Händen. Was wir in Händen halten, wenn wir ein altes Fotoalbum betrachten, ist nur das Grab der verlorenen Zeit, und ihre mumifizierte Hülle. Wir glauben, einen Schatz zu bewachen, und hüten doch nur einen Haufen Trödel.

*

Aber, wie Horaz schrieb:

«Mißgünstig flieht, während wir sprechen, die Zeit.
Vertrau deshalb nicht auf das Morgen,
genieße den heutigen Tag!»

Eine blühende Rose ist wertvoller als ein Diamant. Bezaubernder als die Mona Lisa ist das flüchtige Lächeln des Mädchens, dem ich an der Theaterkasse den Vortritt lasse. Zuverlässiger als der Fels in der Brandung ist die Welle, die den Strand beleckt. Werfen wir uns in den Fluß der Zeit! Lassen wir uns von ihm tragen, wohin er will, ins Meer der Ewigkeit oder unter die kalte Dusche! Hauptsache, raus aus der Sauna! Unsere fünfzehn Minuten sind um.

Zum Weiterlesen empfehle ich:
Anti-Chaos – Der Pfeil der Zeit in der Selbstorganisation des Lebens von Peter Coveney und Roger Highfield (Hamburg 1992).

15

DIE GLEICHHEIT
oder
Justitias Waage – die Wiege der Gerechtigkeit?

«Alle Tiere sind gleich, aber einige sind gleicher als andere.»
(George Orwell, Farm der Tiere)

Heute haben wir den 21. März. Frühlingsanfang. Die
Sonne steht im Himmelsäquator. Das alte deutsche Wort
für den Äquator ist «Gleicher». Tag und Nacht sind jetzt
also gleich lang – je zwölf Stunden –, Licht und Dunkelheit halten sich die Waage – wie sich in unseren Körpern
Links und Rechts, Vorn und Hinten die Waage halten.
Seit der Mensch sich zum aufrechten Gang entschlossen
hat, führt er praktisch ein Leben auf dem Drahtseil: Wenn
er nicht gerade schläft, ist stets ein Teil seines Körpers –
meist unbewußt – damit beschäftigt, die Balance zu halten. Im Gewölbe des Innenohrs wachen die Gleichge-
wichtsorgane darüber, daß wir nicht auf die Nase oder auf
den Hintern fallen. Wie labil unser Gleichgewicht ist,
merken wir im Vollrausch. Mit zwei Promille torkeln
selbst ausgeglichene Menschen.

«Ausgeglichen» kann auch eine Bilanz sein. (Dieses
Wort stammt – ebenso wie «Balance» – von dem lateinischen *bi-lanx* – «mit zwei Waagschalen».) Um unsere
Schulden zu «begleichen», benötigen wir Grundkennt-
nisse in Mathematik. Und was wäre die Mathematik ohne
Gleichheitszeichen? Ein heilloser Zahlenhaufen. Dagegen sieht die Formel $a^2 = (c+b)\,(c-b)$ irgendwie vielver-
sprechend aus. Jetzt schließt sie den binomischen Spagat:
$a^2 = c^2-b^2$. Noch ein Schritt, und siehe da: $a^2+b^2 = c^2$. So

balanciert das Rechtwinklige Dreieck sicher auf dem Schwebebalken Gleichheitszeichen.

In der Natur schwanken die Populationen von Jägern und Gejagten um einen stabilen Mittelwert. Wenn ein Ökosystem «umkippt», dann deshalb, weil der Mensch mutwillig am Drahtseil der Natur ruckelt. 1872 wurde z. B. der Mungo, eine ostindische Schleichkatze, nach Jamaica eingeführt. Er sollte die Ratten in den Zuckerplantagen dezimieren, was er auch brav erledigte. Doch als es keine Ratten mehr gab, knöpften die Mungos sich alle übrigen Kleinsäuger sowie die Vögel, Eidechsen und Schlangen der Insel vor, was dazu führte, daß die Insekten sich explosionsartig vermehrten, in Wolken über die Plantagen herfielen und schlimmer wüteten als sämtliche Ratten.

Die Waage in der Hand der Justitia; der Mann auf dem Bahnhof, der sein Gepäck gleichmäßig auf beide Hände verteilt; die Wippe auf dem Kinderspielplatz – wohin wir auch schauen, überall entdecken wir Gleichgewichte, und was sich im Gleichgewicht befindet, wirkt in der Regel gesund, schön und richtig. So drängt sich dem politisch Interessierten die Frage auf: Wann befindet sich eigentlich eine Gesellschaft im inneren Gleichgewicht? Oder: *Was ist der Ursprung der Ungleichheit unter den Menschen?*

*

Diese Frage stellte Mitte des 18. Jahrhunderts die Akademie von Dijon zur allgemeinen Diskussion. Jean-Jacques Rousseau antwortete in seinem *Diskurs über die Ungleichheit* darauf: «Der erste, der ein Stück Land eingezäunt hatte und dreist sagte: ‹Das ist mein› und so einfältige Leute fand, die das glaubten, wurde zum wahren Gründer der bürgerlichen Gesellschaft. Wie viele Verbrechen, Kriege, Morde, Leiden und Schrecken würde einer dem

Menschengeschlecht erspart haben, hätte er die Pfähle herausgerissen oder den Graben zugeschüttet und seinesgleichen zugerufen: ‹Hört ja nicht auf diesen Betrüger. Ihr seid verloren, wenn ihr vergeßt, daß die Früchte allen gehören und die Erde keinem!›»

Für Rousseau waren die Menschen im Naturzustand gleich und gut. Erst das Privateigentum habe zu Reichtum und Armut geführt, und die ökonomische Ungleichheit habe alle anderen Übel nach sich gezogen. Die Verhältnisse, die Rousseau in Frankreich vor Augen hatte, legten solche Gedanken nahe: Ludwig XV. bezahlte allein 1500 Gärtner und Floristen, um Madame de Pompadour bei Laune zu halten. Die Blumenbeete in den Parks der königlichen Mätresse wurden in jeder Nacht neu bepflanzt. In speziellen Gewächshäusern wurden zu diesem Zweck zwei Millionen Blumentöpfe bereitgehalten. Auch der König selbst liebte die Abwechslung. Er hatte sich im «Hirschpark» ein verschwiegenes Privatbordell eingerichtet. Wer in Frankreich etwas galt oder sich zur Geltung bringen wollte, mußte in Paris präsent sein. Die Musik spielte am Hof von Versailles. Derweil herrschte auf dem Lande das nackte Elend. Selbst im Mittelalter war es den Bauern nicht schlechter gegangen.

Gegen Ende des Jahrhunderts kippte das Gesellschaftssystem, und Rousseau hatte sein Scherflein dazu beigetragen. In der Schrift *Der Gesellschaftsvertrag* hatte er 1762 eine Staatsform vorgestellt, die den Bürgern zugleich Freiheit, Sicherheit und Gleichheit garantieren sollte, die romantische Version einer Basisdemokratie. Von dort bis zum revolutionären Ruf nach «Freiheit, Gleichheit, Brüderlichkeit!» war es nur ein kleiner Schritt. Robbespierre war ein glühender Anhänger des Philosophen. Sylvain Maréchal verfaßte 1796 ein *Manifest der Gleichen* im Geiste Rousseaus: «Es soll keine anderen Unterschiede mehr geben zwischen den Menschen als jene des Alters und des Geschlechts. Da alle die gleichen Bedürfnisse haben und die gleichen Anlagen, so mag es denn für sie nur mehr eine gleiche Erziehung, eine gleiche Nahrung geben. Eine einzige Sonne ist ihnen genug, und sie begnügen sich mit einer Luft für alle: warum sollte ein gleicher Anteil und eine gleiche Güte von Nahrungsmitteln nicht einem jeden von ihnen genügen?»

Paradoxerweise konnte sich auch der Terror der Revolution auf Rousseau berufen. Der hatte festgestellt, der «allgemeine Wille» dürfe das Individuum durchaus zu seinem Glück zwingen. Lebendig oder tot – Hauptsache gleich! Passenderweise hatte ein gewisser Doktor Guillotin, Deputierter des dritten Standes in Paris, 1789 einen Antrag gestellt, demzufolge es bei der Vollstreckung der Todesstrafe keine Standesunterschiede mehr geben sollte. Seine Initiative führte zur Konstruktion jener Köpfmaschine, die alle endgültig gleich machte – König und Königin, die Kinder der Revolution und den legendären Verbrecher Lacenaire.

*

«Gleichheit» ist ein Zauberwort. Es erweckt in uns die Vorstellung eines utopischen Glücks, eines wiedergewonnenen Paradieses. Ein Zustand der vollkommenen Gleichheit muß doch, so der Glaube, ein Vorgeschmack auf das Nirwana sein. Es gibt keine Standesunterschiede, keinen privaten Luxus, also auch keine private Not. Fröhlich arbeiten alle Menschen im Einklang mit der Natur an der Verbesserung des kollektiven Lebensstandards.

Karl Marx hat diesen Traum schon als Kind geträumt: Der Lieblingsautor in seinem Trierer Elternhaus hieß natürlich Rousseau. Für den Kommunismus sind alle traditionellen Großgesellschaften aus dem Gleichgewicht. Al-

lenthalben hält die überfüllte Waagschale der Unterprivi-
legierten diejenige der oberen Zehntausend in luftigen
Höhen. Nur eine Revolution kann das ursprüngliche
Gleichgewicht, d. h. die allgemeine Gleichheit, wiederherstellen.

*

Mehr als zwei Jahrtausende vor den Kommunisten hatte
Platon ähnlich revolutionäre Gedanken gehabt. Doch seine Gesellschaftsdiagnose sah völlig anders aus. Und das
kam so:

Platon wurde 427 v. Chr. in Athen geboren. Dieser
Stadtstaat brüstete sich mit einer Erfindung, die man *de-
mokratía* nannte. Für die 40 000 männlichen Bürger der
Stadt galt das Prinzip «gleiches Recht und gleiche Pflichten für alle». Die Regierungsämter wurden nach dem Ro-
tationsprinzip besetzt, und für die obligatorische Mitar-
beit in Rat und Volksversammlung wurden Diäten aus der
Staatskasse gezahlt. Das «demokratische» Athen erlebte
eine machtpolitische und kulturelle Blüte, von der die
Akropolis noch heute weithin sichtbar Zeugnis ablegt.
Doch die Gleichberechtigung hatte ihre Grenzen. Sklaven und Frauen kamen ebensowenig in ihren Genuß wie
schwache Nachbarn. Als Athen mit Sparta um die Vorherrschaft in Griechenland rang, sollte die kleine Kykla-
deninsel Melos zum Kriegseintritt genötigt werden. Die
Melier aber bestanden auf ihrer Unabhängigkeit. Worauf
die Athener argumentierten: «Schluß mit den schönen
Phrasen! Ihr wißt doch so gut wie wir, daß die Gerechtigkeit im Verhältnis zwischen Menschen nur dann gilt,
wenn die Kräfte gleich verteilt sind. Ist einer überlegen,
dann setzt er seine Interessen durch, soweit es in seiner
Macht steht, und der Unterlegene muß kuschen.»
Die Melier entschlossen sich zum Kampf und wurden

besiegt. Die Athener metzelten sämtliche 1500 Männer nieder, die Frauen und Kinder wurden in die Sklaverei verkauft. Dabei fühlten die «demokratischen» Mörder sich durchaus im Recht. Gewalt gegen Schwächere sei in der Natur guter, alter Brauch. Die Melier mit ihrer absurden Vorstellung von Gleichberechtigung hätten gegen die Gesetze von Natur und Vernunft verstoßen. Ihre Vernichtung sei deshalb verdient.

Hochmut kommt vor dem Fall. Von kriegslüsternen Demagogen angeführt, taumelte Athen moralisch und militärisch in die Katastrophe. Sparta gewann den Krieg. 399 v. Chr. wurde dann auch noch Platons Lehrer Sokrates zum Tode verurteilt, nicht von einem blutdurstigen Tyrannen, sondern von einem Volksgericht, nach einem skandalösen Prozeß.

Platon hatte also Grund, an der moralischen Überlegenheit der Demokratie zu zweifeln. Der Idealstaat, wie er ihn sich vorstellte, zeigte kaum Ähnlichkeit mit Athen. Bei ihm war die Gesellschaft in drei homogene, streng voneinander getrennte Stände eingeteilt: Der Stand der Arbeiter, Bauern, Händler usw. sollte für den Lebensunterhalt sorgen, der militärische «Wächter»-Stand für die Sicherheit und der Stand der Philosophen für eine weise Regierung. Wenn jeder Bürger seine ihm angemessene Aufgabe brav erfüllte, würde dieser Staat gedeihen und gegen alle Umsturzversuche gefeit sein.

Platon hatte eine andere Konzeption von Gerechtigkeit als die alten «Demokraten» und die modernen Kommunisten. Letztere gingen davon aus, alle Menschen seien im Prinzip gleich und deshalb verdienten sie Gleichbehandlung: gleiches Recht, gleiche Erziehung, gleiches Eigentum. (Und gleiche Pyjamas, ergänzte Mao.) Platon dagegen fand, daß die Menschen prinzipiell ungleich seien. Entsprechend ungleich verteilte er die gesellschaftlichen

Aufgaben unter ihnen. Wie minus mal minus plus ergibt, so kann man auch die Ungleichbehandlung der Ungleichen als Gerechtigkeit interpretieren: Platons sogenannte «geometrische Gleichheit» ist auf zahlreichen Gebieten gängige Praxis. Leistungsbezogene Entlohnung und Steuerprogression funktionieren ebenso nach dem platonischen Prinzip wie das dreigegliederte Schulsystem. Jeder soll gemäß seinen Möglichkeiten und Fähigkeiten bezahlt, besteuert und ausgebildet werden. Die Gleichheit steckt in der Entsprechung: «Jedem das Seine!»

Dagegen stoße ich auf die «arithmetische Gleichheit», wenn ich am Wahlsonntag mein Kreuzchen mache. Hier spielt weder politische Bildung noch wirtschaftliche Macht, noch – sofern man volljährig ist – das Alter eine Rolle. «Jedem dasselbe!» Dabei wäre es doch durchaus denkbar, daß der Rentner aufgrund seiner größeren Lebenserfahrung mehr Stimmen hätte als der Erstwähler – oder daß die Jungen aufgrund ihrer größeren Lebenserwartung mehr Stimmen hätten als die Alten. Der Neunzigjährige muß die nächste Schulreform ja nicht mehr ausbaden.

*

Ein berühmtes Beispiel für den Konflikt zwischen «geometrischer» und «arithmetischer» Gleichheit finden wir im Neuen Testament. In Matth. 20, 1–16 erzählt Jesus mal wieder ein Gleichnis. Der Besitzer eines Weinbergs geht frühmorgens auf den Markt und heuert ein paar Arbeiter an. Als Tagelohn wird ein Silberstück ausgemacht. Mittags geht er noch einmal auf den Markt und schickt wieder ein paar Arbeiter in seinen Weinberg, wieder für ein Silberstück. Den gleichen Lohn verspricht er einer dritten Gruppe von Arbeitern, die er kurz vor Sonnenuntergang anstellt. Als der Verwalter die Löhne auszahlt, motzen die Männer, die den ganzen Tag malocht haben. «Die anderen, die zuletzt gekommen sind, haben nur eine Stunde lang gearbeitet, und du behandelst sie genauso wie uns? Dabei haben wir den ganzen Tag in der Hitze geschuftet!» Der Besitzer des Weinbergs aber antwortet dem Wortführer der Unzufriedenen: «Mein Lieber, ich tue dir kein Unrecht. Hatten wir uns nicht auf ein Silberstück geeinigt? Das hast du bekommen, und nun geh! Ich will nun einmal dem letzten hier genausoviel geben wie dir!»

Und er hat recht. Denn das Silberstück symbolisiert das Himmelreich, und das Himmelreich läßt sich nicht in kleine Münze wechseln. Es kann keine halbe Erlösung geben, so wie es keine halbe Geburt geben kann oder einen halben Tod. Dort, wo es drauf ankommt, im Kern der menschlichen Existenz – und wirklich nur dort –, sind tatsächlich alle Menschen gleich. Ganz gleich, wie viele Häuser oder Titel einer besitzt, er hat nur *einen* Körper, *eine* Seele und *eine* Freiheit. Als eigenständiger, eigenverantwortlicher Mensch ist der Vorstandsvorsitzende oder der Friedensnobelpreisträger deshalb nicht mehr wert als das Straßenkind oder der Mörder. Auf der Waage der Würde wiegt jeder Mensch gleich viel.

*

Und die Tiere? «Alle Tiere sind gleich», so lautet das letzte und wichtigste der sieben Gebote, die die revolutionären Schweine an die Scheunenwand der Orwellschen Tierfarm pinselten. Das mag, über den Rüssel gepeilt, richtig erscheinen. Wir Menschen aber teilen das Tierreich, grob gesprochen, in fünf Kasten ein. Die mit Abstand meisten Tiere sind uns unbekannt oder gleichgültig: das wäre die erste Gruppe. Das Ungeziefer bildet Gruppe zwei, es folgt das eßbare, melkbare, scherbare, jagdbare, eierlegende Nutzvieh. Einen besonderen Rang nehmen diejenigen Tiere ein, zu denen wir ein freundschaftliches Verhältnis haben, z. B. Singvögel, Hunde und Menschenaffen. Und dann gibt es noch die Kategorie der heiligen Tiere, die man auf keinen Fall töten darf, weil sie unter dem besonderen Schutz der Götter stehen oder gar deren Inkarnationen sind: Katze und Krokodil im alten Ägypten, der Kondor bei den Indios oder die sprichwörtliche heilige Kuh der Hindus. Man muß schon sehr egalitär eingestellt sein, wenn man einem Elefanten die gleiche Würde zuspricht wie einer Zecke.

Und doch gibt es Menschen, die genau dies tun, ja, die sogar noch einen Schritt weitergehen und behaupten: «Alle Geschöpfe sind gleich.» Die Rede ist von der uralten Religion des indischen Jainismus. Den strenggläubigen Jaina-Mönch erkennt man daran, daß er beim Gehen den Boden vor seinen Füßen mit einem Besen kehrt, um auch ja keinen Käfer zu zertreten. Denn in jedem Lebewesen wohnt eine göttliche Seele, und die Seelen wandern von Existenz zu Existenz. Es ist zumindest ein interessantes Gedankenexperiment: Die Spinne auf meinem Balkon war vielleicht in ihrem vorherigen Leben Greta Garbo, und in *meinem* nächsten Leben wird sie vielleicht meine achtbeinige Großtante gewesen sein.

*

Obwohl der Ruf nach Gleichheit doch so gern erhoben wird, hat sich der Jainismus bei uns nicht recht durchsetzen können. Selbst in der sozialistischen Literatur – kein Aufruf zur Solidarität mit den Arbeitsbienen. Überhaupt: Fällt es nicht auf, daß Gleichheit fast immer nur in *eine* Richtung gefordert wird, nämlich «nach oben»? Die schwachen Melier verlangten Gleichheit mit den starken Athenern, die französischen Sansculotten verlangten

Gleichheit mit Adel und Klerus, die Frauen verlangen Gleichheit mit den Männern. Gleichheit ist die klassische Forderung der Armen und Schwachen – doch selten, *auffällig* selten in Beziehung auf die noch Ärmeren, noch Schwächeren. Es stellt sich also die Frage, ob «Gleichheit!» im politischen Raum nicht ein gut getarnter Kampfbegriff ist, der im Klartext «Mehr!» bedeutet. Vielleicht sollte man «Liberté, égalité, fraternité!» so übersetzen: «Mehr Macht, mehr Geld, mehr Spaß *für mich und meine Freunde*!»

*

Im Ernst: Können wir Wohlstandskinder mit gutem Gewissen mehr Rechte für uns einfordern, wenn wir gleichzeitig die krasseste Ungerechtigkeit achselzuckend dulden oder ausnutzen? Ich denke, um nur ein Beispiel zu nennen, an den indischen Gerber, der sich für ein paar Rupien die Gesundheit ruiniert, damit wir in Europa «günstig» Schuhe kaufen können. Doch warum in die Ferne schweifen, wenn das Elend liegt so nah: Warum haben Kinder kein Vetorecht, wenn ihre Eltern sich scheiden lassen wollen? Sind sie nicht in allen Fällen direkt betroffen und in vielen Fällen die Hauptleidtragenden? Sie werden enteignet, entwurzelt und – in einer alltäglichen Neuinszenierung des Kaukasischen Kreidekreises – zerrissen, nur weil ein Elternteil oder beide auf ihrem Recht bestehen, sich selbst zu verwirklichen. Nein, die Forderung nach Gleichberechtigung, wenn sie einzig von Selbstsucht diktiert wird, verdient nicht unbedingt einen Orden.

Und jedes Recht, ob vom Staat eingeräumt oder vom Schicksal, bringt die Pflicht mit sich, dieses Recht gut zu gebrauchen. Freiheit verpflichtet uns, die Freiheit anderer zu achten. Eigentum verpflichtet zur Gemeinnützigkeit.

Gesundheit und Jugend verpflichtet uns, den Alten und Gebrechlichen beizustehen. So halten sich Rechte und Pflichten ungefähr die Waage, und das ist der Sinn des Menschheitsvertrages.

*

Aber was moralisiere ich! Ein echter Philosoph schwebt über diesen Dingen. Rechte, Pflichten – *alles* gilt ihm gleich, solange er in sich selbst ruht. *Adiaphoría*, «Unterschiedslosigkeit», nannten die Stoiker diese göttliche Gleich-Gültigkeit der Weisen, die Reichtum nicht höher schätzt als Armut, Armut nicht höher als Reichtum, Macht nicht höher als Schwäche, Schwäche nicht höher als Macht, Freude nicht höher als Trauer, Trauer nicht höher als Freude.

Wem alles Äußerliche gleich ist, weil er es als Illusion durchschaut, in dessen Seele zieht ein wunschloses Schweigen ein, sein Antlitz gleicht einem windstillen See, und auf dem kaum gekräuselten Wasser spiegelt sich das Lächeln des Buddha.

Zum Weiterlesen empfehle ich:
Senecas *Briefe an Lucilius*.

16

DIE INFORMATION

oder

«Bild» und Bildung

«Das einzige, was uns in unserem Elend tröstet, ist die Zerstreuung, und dabei ist sie die Spitze unseres Elends; denn sie
ist es, die uns grundsätzlich hindert, über uns selbst nachzudenken, die uns unmerklich verkommen läßt. Sonst würden wir uns
langweilen, und diese Langeweile würde uns antreiben, ein besseres Mittel zu suchen, um sie zu überwinden. Die Zerstreuun-
gen aber vergnügen uns und geleiten uns unmerklich bis zum
Tode.» (Blaise Pascal)

Der Tante-Emma-Laden ist tot. Tante Emma erfreut sich
robuster Gesundheit. Sie steht hinterm Tresen des Filial-
geschäfts an der Ecke und führt den Titel einer Bäckereifachverkäuferin. Wenn ich gegen zehn Uhr meine Rosinenbrötchen hole, begrüßt sie mich mit einem: «Moin
moin. Na, was gibt's Neues?»

Meistens muß ich passen. Bei mir tut sich nicht viel vor
dem Frühstück. Bei Tante Emma dagegen ist immer was
los.

«Was sagen Sie zu diesem Clinton? Haben Sie schon
gelesen?» Sie deutet auf den Stapel «Bild»-Zeitungen.
Die Schlagzeile lautet: «MISS LEWINSKY, WAS WAR MIT SEI-
NER ZIGARRE?»

«Wie finden Sie das?» fragt meine Bäckereifachverkäuferin. «Ist das nicht ekelhaft? Die arme Frau!»

«Wirklich widerlich!» sage ich – selbst Zigarrenrau-
cher – und nehme mir eine «Bild» vom Stapel. Der
Mensch lebt nicht allein von Rosinenbrötchen. Ein Schuß
Bildung zum Frühstück kann nicht schaden.

«Bild» und Bildung – geht das zusammen? Was ist das überhaupt, Bildung?

Hinter dem seriösen Wort versteckt sich, wenn man genauer hinschaut, eine brisante Philosophie. Bildung «bildet», d. h., sie formt etwas, das vorher ungeformt war. Der Mensch, wie er der Natur entspringt, ist nicht perfekt, nicht «fertig». Er gleicht einem Tonklumpen, der erst noch gestaltet, «gebildet», werden muß. Erst durch den Prozeß der Bildung nimmt die Persönlichkeit Gestalt an. Diese Bildung beschränkt sich nicht auf das Büffeln von Lehrsätzen und Systemen. Es reicht nicht aus, wenn man den Brockhaus im Kopf hat und Schillers «Glocke» auswendig hersagen kann. Genauso wichtig wie das Wissen sind die Methoden, mit deren Hilfe wir zu neuen Erkenntnissen kommen. Es führen viele Wege nach Rom. Wer über die alte Via Appia einzieht, sieht eine andere Stadt als derjenige, der die Autostrada von Florenz nimmt. Man sollte deshalb schon mehrere Methoden (wörtlich: «Zugänge») kennen. *Eine* Methode ist *keine* Methode. Erst die Summe aller Zugänge erschließt uns das ganze Bild, das «wahre» Rom.

Unverzichtbar für die Bildung ist wohl auch das, was man heute als «Emotionale Intelligenz» bezeichnet. Denn Forschung ist immer menschliche Forschung. Gelehrsamkeit im menschenleeren Raum, Gelehrsamkeit um ihrer selbst willen, so wie Kien sie exerziert, ist lächerlich und sinnlos. Dr. Peter Kien, der Held in Canettis Meisterwerk *Die Blendung*, ist der größte lebende Sinologe und das Paradebeispiel eines Büchermenschen. Seine Bibliothek umfaßt 25 000 erlesene Bände. Als Wissenschaftler ist er unfehlbar, ein Übermensch, doch er besitzt weder praktischen Verstand noch die geringste Menschenkenntnis. Und das wird ihm zum Verhängnis. Seine Haushälterin lockt ihn in die Ehe, besetzt seine

Bibliothek und treibt ihn schließlich in den Wahnsinn. Kien ist eine Fiktion, doch die Gefahren der *Verbildung* sind real. Ihr Opfer gleicht dem Body-Builder, der vor lauter Kraft nicht laufen kann. Bildung ist also kein Wert an sich, sie muß vom Menschen ausgehen und immer wieder zum Menschen zurückkehren. Der Mensch ist das Maß aller Bildung.

Die Fundamente der Bildung werden von Eltern und Lehrern gelegt. Diese formen aus dem Tonklumpen einen Rohling. Der Rohling zuckt, blinzelt, erwacht zum Leben. Das Objekt der Bildung wird zu ihrem Subjekt. Anfangs tastend, mit der Zeit immer zupackender, beginnt der Homunculus, an sich herumzukneten. Er entdeckt «Bildungslücken» und beseitigt sie. Er streicht seine Stärken noch wirkungsvoller heraus. Er achtet wie ein Bildhauer auf die Harmonie des Gesamtbildes. Er ist Autor und Held seines privaten Bildungsromans.

*

Dieser humanistische Bildungsbegriff steht im Gegensatz zum landläufigen. Als Bundespräsident Herzog – unser Bildungs-Roman – der deutschen Nation ins Gewissen redete, Bildung sei ein *Mega-Thema*, da sprach er von der *Ausbildung* an Schulen und Universitäten. Ziel der Ausbildung ist die gesellschaftliche und berufliche Qualifikation. Mit dem Schulabschluß, der Gesellenprüfung, dem akademischen Grad wird die Eintrittskarte zum Erwerbsleben gelöst. Die individuelle Persönlichkeitsentwicklung ist eine willkommene Begleiterscheinung, nicht das Ziel der Ausbildung. Die Aus-Bildung ist irgendwann *aus*; man *hat* dann den Abschluß, den Meisterbrief, ein Diplom. Echte Bildung dagegen ist niemals abgeschlossen. Sie ist kein Besitz, sondern eine Aufgabe, die sich täglich neu stellt, ähnlich wie die Liebe.

Übrigens ist die Liebe eine wunderbare Lehrmeisterin. Sie macht wach und aufnahmebereit. Und was macht Brechts Herr Keuner, wenn er einen Mensch liebt?

«Ich mache einen Entwurf von ihm und sorge, daß er ihm ähnlich wird.»

Wer? Der Entwurf?

«Nein, der Mensch.»

«Denn», kommentiert Goethes Wilhelm Meister, «wenn wir die Menschen nur so nehmen, wie sie sind, so machen wir sie schlechter. Wenn wir sie behandeln, als wären sie, was sie sein sollten, so bringen wir sie dahin, wohin sie zu bringen sind.»

Solche Liebe ist nicht leicht zu ertragen. Der Mensch erklärt sich gern für fertig und fordert: «Ich will so geliebt werden, wie ich bin! Wenn dir das nicht paßt, kannste ja gehn!» Es gehört schon eine Menge Vertrauen, auch Selbstvertrauen dazu, wenn man sich aus Liebe zu jemandem ändern will.

Etwas Ähnliches muß Platon im Sinn gehabt haben, als er das berühmte Gleichnis von den Höhlenmenschen erzählte. Die lagen gefesselt in einem unterirdischen Saal und starrten gebannt auf eine Art Kinoleinwand. Sie verwechselten die Schatten auf der Leinwand mit dem wirklichen Leben und amüsierten sich, ohne es zu merken, zu Tode. Wollte jemand die *cave potatoes* aus ihrem Schattendasein befreien und ans Tageslicht führen, so wehrten sie sich mit aller Kraft. Eine Geburt ist immer schmerzhaft, und Bildung ist eine permanente Geburt.

*

Manche Leute halten «platonische Liebe» für den Prototyp von *safer sex*. In Wirklichkeit wollte Platon darauf hinaus, daß jeder Mensch mit dem Menschheitsideal schwanger geht und bei der Entbindung der Hilfe bedarf. Der

Platoniker liebt das Gute, das im Menschen steckt, und leistet ihm Hebammendienste.

«Platonische Liebe? Was Handfestes wär' mir lieber», würde sich meine Bäckereifachverkäuferin bedanken. Und kann man es ihr verargen? Der Gebildete ist nicht notwendig der glücklichere Mensch. Denn wie es beim Prediger Salomo heißt: «Auch die Bemühung um Wissen ist Jagd nach Wind. Wer viel weiß, hat viel Ärger. Je mehr Erfahrung, desto mehr Enttäuschung.»

Enzyklopädisches Wissen und tadellose Umgangsformen nötigen uns vielleicht Respekt ab, wenn wir sie bei anderen beobachten, und erfüllen uns mit Stolz, wenn wir selbst sie unser eigen nennen, aber mal ehrlich: Ab und zu kann man auch gut darauf verzichten. Und gelegentlich, unter dem Einfluß von flüssigen Enthemmern, würden wir da nicht gern noch einen Schritt weitergehen und uns wie die Schweine benehmen? Saufen, fressen und prügeln wie Conan der Barbar? Jedem Dummschwätzer ins Gesicht rülpsen, jedem knackigen Hintern an die Wäsche gehen und auf die ganze unbehagliche Kultur pfeifen? Einmal bei «McDonald's» essen? Doch, das wäre geil, verdammt geil, superaffentittengeil. Und wenn dann jemand käme und den Zeigefinger höbe: «Wie kann man sich nur so gehen lassen! Und dabei habe ich Sie immer für einen *so* gebildeten Menschen gehalten», dann würden wir nur verächtlich grunzen: «Einbildung ist auch 'ne Bildung.»

In der Tat gibt es eine weise Unwissenheit und eine Pseudo-Bildung, deren Dummheit zum Himmel doziert. Vorzeigbare Bildung ist immer auch ein Statussymbol gewesen. Für die oberen Zehntausend, die sich Bücher und Privatlehrer leisten konnten, diente sie als Ausweis der eigenen Vortrefflichkeit und als Barriere nach unten, wo der Pöbel in der Nase bohrte. Das idealistische Ziel der Bildung, «besser zu werden», wurde pervertiert. Der Bildungsstreber wollte und will «etwas Besseres sein». Früher protzte er – *sapienti sat* – mit lateinischen Floskeln, heute mit dem globalen *cyberspeak*, er wirft mit Zitaten französischer Modedenker um sich und kultiviert – bevorzugt im deutschen Feuilleton – einen Schreibstil, dessen Hauptzweck nicht Klarheit ist, sondern die Verbreitung eines bestimmten intellektuellen Stallgeruchs. Nicht ohne eigenes Verschulden ist die Bildung in einen Dunstkreis von oberlehrerhafter Arroganz geraten.

*

Und deshalb hat man den muffig riechenden Begriff «Bildung» flugs durch einen unverbrauchten, unverdächtigen ersetzt: «Information». Information hat eine gewisse Ähnlichkeit mit Bildung – das lateinische *informare* bedeutet «gestalten, bilden, unterrichten» –, doch ihr Image ist völlig anders. Sie ist quasi die moderne, demokratisch gesinnte Schwester der Bildung: jung, putzmunter und zu allen Schandtaten bereit.

Das klassische Medium der Bildung ist – oder vielmehr *war* – der Mentor, der väterliche Begleiter, der mit Fingerspitzengefühl und Strenge dafür sorgte, daß der Zögling seinen Weg machte. Wo ein Mentor fehlte, tat es wohl auch das «gute Buch»: Homer, die Bibel, Plutarch, Robinson Crusoe, David Copperfield. Information kommt durch andere Kanäle zu uns, durch Zeitungen und Nachrichtenmagazine, durch Radio, Fernsehen und Internet. Die Medien bestimmen die Botschaft: Information ist durch Aktualität, Mosaikhaftigkeit und leichten Zugang charakterisiert.

Die Revolution kündigte sich durch ein arhythmisches Tickern an: Im Mai 1844 drahtete mein Anagramm-Vetter Samuel Morse das erste Telegramm von Washington nach Baltimore, ein paar gottgefällige Zeilen. Der Fernschreiber zog die ersten Fäden in unserem weltweiten Kommunikationsnetz. Er und seine multimedialen Nachkommen haben den Raum vernichtet, und damit auch die Zeit. Der informierte Mensch ist per Life-Schaltung überall präsent, beim Tennismatch in Sydney, beim Wirbelsturm in Florida, selbst beim Spaziergang auf dem Mond. Der gebildete Mensch war in der Geschichte zu Hause. Heute ist er selbst schon fast Geschichte. Der informierte Mensch weiß alles von heute, einiges von der letzten Woche, kaum etwas vom letzten Jahr, und was vor seiner Geburt geschah, verschwindet im Grau der Prähistorie. Information zerreißt die Zusammenhänge und begräbt die Geschichte unter einer Flut von Neuigkeiten.

Während Bildung auf seriöse Inhalte setzte, fördert Information die fröhliche Vielfalt: Wissen, Nachrichten und ein bißchen Tratsch ergeben einen leicht verdaulichen Salat, angerichtet von beliebten, beliebigen Moderatoren. Neue Erkenntnisse über die Ozonschicht, über den Krieg im Sudan, über das Schicksal von Clintons Zigarre werden mit derselben Professionalität vermeldet. Die Tatsache, daß sich Tag für Tag Millionen von Menschen mehrmals täglich vor die Mattscheibe setzen, um diesen Nachrichten-Mix nicht zu verpassen, läßt nur einen Schluß zu: Information ist Haribo-Konfekt fürs Volk. Ein bißchen Opium ist wahrscheinlich auch in der Tüte. Wer die «Tagesschau» gesehen hat, kann am nächsten Morgen mitreden. Er weiß zwar nichts, aber er weiß Bescheid. Seine augenblickliche Stimmung zu einem Thema sieht einer fundierten Meinung zum Verwechseln ähnlich. Und wer braucht schon Überzeugungen, wenn morgen sowieso alles kalter Kaffee und übermorgen vergessen ist?

*

Das Informationszeitalter bringt es mit sich, daß jeder jederzeit und überall Zugriff auf alle Informationen hat.

So lautet das Versprechen. Es gibt keine Zensur mehr und keine Schwellenängste beim Betreten einer altehrwürdigen Universitätsbibliothek. Der Harvard-Professor sitzt genauso nah an der Quelle der Weisheit wie der ägyptische Koranschüler und der mongolische Ziegenhirte, sofern nur ein PC in Reichweite ist. Ein Maus-Klick, und – *Website öffne dich!* – alle drei werden gleichberechtigte Zellen des gigantischen Gehirns Internet. Information total. Kommunikation total. Konfusion total.

Denn wenn Information nicht sinnvoll verarbeitet wird, bewirkt sie das Gegenteil von dem, was sie verspricht. Man kann den Menschen dumm halten, indem man ihn von Informationen abschneidet. Man erreicht dasselbe Ziel, wenn man ihn mit einem Wust von Informationen überschüttet. Geheimdienste starten *Desinformations*kampagnen, um den Feind zu verwirren und seine Handlungsfähigkeit zu lähmen. «Desinformation» definiert Neil Postman, «bedeutet irreführende Information – unangebrachte, irrelevante, bruchstückhafte oder oberflächliche Information –, Information, die vortäuscht, man wisse etwas, während sie einen in Wirklichkeit vom Wissen weglockt.» Und genau das passiert mit uns. Wir wissen, wie der Urwald von Papua-Neuguinea aussieht, aber kennen wir noch den Unterschied zwischen Buche und Erle, ach, was sag' ich, zwischen Schwalbe und Storch? Wir «tschätten» mit einem Unbekannten in Alaska, während die nette ältere Dame in der Nachbarwohnung seit zwei Monaten tot vorm laufenden Fernseher sitzt. Noch einmal Postman: «Man meint sich für die Welt zu öffnen und bezahlt dafür mit Blindheit in der Nähe.» Ein Sammelsurium von Soaps und Homepages gibt vor, uns die seelische Heimat ersetzen zu können. Keine Suchmaschine ist so ausgetüftelt, daß wir mit ihrer Hilfe uns selbst finden könnten. Information kann Bildung nicht ersetzen. Information, wenn sie richtig genutzt werden soll, setzt Bildung voraus.

Andererseits – und für den Philosophen gibt es immer ein Andererseits – hat alles Neue gegen Vorurteile zu kämpfen. Denken wir an die Anfänge des Films. Wer hätte sich, als die Bilder laufen lernten, etwas von *Goldrausch*, *Andrej Rubljow* oder *Pulp Fiction* träumen lassen? Selbst das Buch galt nicht immer als Hort der Kultur. Sokrates war ein erklärter Feind der schriftlichen Fixierung von Gedanken. Er meinte, Bücher würden das Gedächtnis der Jugend verkümmern lassen. Damit hatte er zweifellos recht. Aber die Segnungen der Schrift überwogen die Verheerungen bei weitem. Warten wir also ab, was das Internet uns noch alles bringt! Es bleibt uns ja auch wohl nichts anderes übrig.

*

Meine «Bild» informierte mich über Matt Drudge, einen Internet-Skandalreporter. Der habe in seinem virtuellen Revolverblatt schockierende Gerüchte über Clintons Sexpraktiken lanciert. Dazu drei Bilder: Drudge mit Schlapphut, Clinton mit «einer mächtigen Havanna» und Miss Lewinsky ohne was. Den Rest mußte man sich denken. Den Rest konnte ich mir denken. Den Rest *wollte* ich mir denken. Und das gab mir doch sehr zu denken.

Ja ja, man soll die «Bild» nicht unterschätzen. Wer nur einen klugen Kopf zu verstecken hat, lese meinetwegen die FAZ. Wer jedoch das delphische «Erkenne dich selbst!» ernst nimmt, der schlage die «Bild-Zeitung» auf! Sie ist ein Spiegel der Seele. Und welches Blatt hat einen besseren Sportteil?

Zum Weiterlesen empfehle ich:
Der Zauberberg von Thomas Mann, sieben Mal.

17

DIE REISE

oder
Leben heißt Unterwegs-Sein

«Das ist der Fluch und zugleich die Wollust des Reisens, daß es die Orte, die dir vorher in der Unendlichkeit und in der Unerreichbarkeit lagen, endlich und erreichbar macht. Diese Endlichkeit und Erreichbarkeit zieht dir aber geistige Grenzen, die du nie mehr loswerden wirst ... Der Vielgereiste haftet mehr an der Erde als der Niegereiste.» (Max Dauthenday)
«Wer lebt, ein Fremdling ist er, stets auf Reisen.
Und erst im Tode hat er heimgefunden.
Die ganze Welt ist nur ein Herbergsraum;
Jahrtausende hat nur der Staub gebunden.» (Li T'ai-po)

Ein 7-Punkte-Marienkäfer krabbelt über einen bizarren Lederkontinent. Der Kontinent ist hügelig, die kahlen Hügel rollen und hüpfen. In Wirklichkeit handelt es sich um den olivgrünen Ledermantel, den ich vor einem Jahr in einem Bremer Second-Hand-Laden erstanden habe. Ich bin auf dem Weg zum Speisewagen. Ich gehe mit normaler Geschwindigkeit – geschätzte 2–3 km/h –, dabei rast draußen die Landschaft vorbei, ein herbstlicher Flickenteppich, namenlose Ortschaften, Lärmschutzwände, Tunnels. Das Display am Wagenende informiert über das augenblickliche Tempo des ICE: 198 km/h. Preisfrage: Mit welcher Geschwindigkeit bewegt sich der Käfer?

Bewegung ist relativ. Reisen ist relativ. Nicht die Ortsveränderung ist das Wesentliche an der Reise, sondern die Bewußtseinsveränderung. Wer sich in einer fensterlosen, geräuschisolierten Kiste einmal um die Welt transportieren läßt, hat keine Weltreise gemacht. Wer jahrelang jeden Werktag mit dem Zug von Winsen/Luhe nach Hamburg-Harburg und zurück pendelt, ist deshalb kein Globetrotter. Andererseits kann ein LSD-Trip in den eigenen vier Wänden jede Tropen-Expedition in den Schatten stellen. Der vertraute Gang zum Bahnhof wird zur abenteuerlichen Reise, wenn man dabei die Augen schließt. Reisen ist Fremderfahrung und Selbsterfahrung, oder genauer: Selbsterfahrung durch Fremderfahrung.

Geht's nicht etwas weniger theoretisch? Es geht.

«Reisen, das ist wie ein Seitensprung», sagte Lydia. «Du schüttelst den Alltag ab. Das Leben prickelt wieder. Du schlürfst die Tage in dich rein. Ibiza, das ist wie ein Schwips; die Sonne, die warme Luft, die Abende am Strand, durchatmen und auftanken, die Seele baumeln lassen, vielleicht ein bißchen flirten, vielleicht ein bißchen mehr.» Sie seufzte: «Naja, aber wenn ich lange genug weg gewesen bin, fahr' ich auch ganz gern wieder nach Hause.»

«Und so ist das auch, wenn man einen Seitensprung macht?» fragte ich.

«Na, das wirst du doch wohl selbst wissen.»

Ich machte große, unschuldige Augen: «Ich? Ich kenn' nur eine Art von Seitensprung. Wenn ich bei einem langweiligen Buch ein paar Seiten überspringe. Danach habe ich immer tagelang ein schlechtes Gewissen.»

«Gleich schneid' ich dir was ab», drohte sie meinem Spiegelbild und ließ die Schere wispern. Lydia, meine Friseuse, ist zwanzig Jahre jünger als ich und gehört zu den Leuten, die unheimlich gern verreisen.

*

Dabei ist Reiselust ja keine Selbstverständlichkeit. Die meisten Menschen hassen es, Koffer zu packen. Man schluckt was Pflanzliches gegen das Reisefieber. Mit dem

Auto brät man im Stau, auf dem Flughafen steht man sich die Beine in den Bauch, auf der Fähre gibt's die Speisekarte rückwärts. Am Urlaubsort wird die Kamera geklaut. Im Hotelzimmer hüpfen die Flöhe. Die Einheimischen verstehen einen nicht oder – noch schlimmer – sprechen einen sofort in reinstem Duisburger Deutsch an. Nein, Reisen ist kein ungetrübtes Vergnügen, und nicht zu Unrecht warnt der Dichter:

> «Den Narren packt die Reisewut,
> indes im Bett der Weise ruht.»

Aber Reisen erweitert den Horizont! Wirklich? Der Stoiker Seneca war da anderer Ansicht: «Was kann das bloße Reisen einem schon nützen? Es befreit unsere Seele nicht von ihren Leidenschaften. Es fördert die Urteilskraft nicht, zerstreut keine Irrtümer, sondern fesselt uns nur eine Zeitlang durch neue Eindrücke wie einen Knaben, der unbekannte Dinge anstaunt. Und das bloße Hin und Her der Reiseeindrücke macht uns seelisch noch labiler und oberflächlicher.»

Wie wahr! Die «Horizonterweiterung» ist ein Selbstbetrug. Steck einen aufgeweckten Menschen ins Gefängnis, und heraus kommt ein Buch wie Boethius' *Trost der Philosophie*. Schicke einen Deppen auf eine Weltreise, und zurück kommt ein braungebrannter Depp. Der hat seine Nase für ein paar Wochen in exotische Luft gesteckt und ein paar Tage auf dem Klo verbracht, um sich hinfort als Kenner und Liebhaber des Reiselandes zu produzieren. Dabei kann er mit Mühe ein paar Reiseführer-Weisheiten nachplappern und einen Kaffee auf Kauderwelsch bestellen. Sein Kontakt mit der einheimischen Bevölkerung beschränkt sich auf die drei Bs: bezahlen, Bakschisch geben, sich beklauen lassen.

Eine noch schlimmere Seuche ist – jawohl! – der sendungsbewußte Rucksack-Tourist, der, stets auf der Jagd nach naiver Gastfreundschaft und jungfräulichen Stränden, alles infiziert, was er zu lieben vorgibt. Er ist die Schlange der letzten Paradiese, die Speerspitze der Müllgesellschaft, das stärkste Argument für den Kannibalismus. Die Libertins des 18. Jahrhunderts, die ihre Syphilis durch den Verkehr mit unberührten Mädchen zu heilen versuchten, waren vom gleichen Schlag. Da lob' ich mir die Stammkunden des Ballermann-Bordells.

*

Reiselust ist folglich weder eine Tugend noch der Schlüssel zum Glück. Gleichwohl haben die Weisen der Welt die Strapazen der Straße immer wieder gern auf sich genommen. Die Sophisten, Giordano Bruno, Descartes, Leibniz, Wittgenstein – das Register der weitgereisten Philosophen ließe sich beliebig erweitern. Ja, die Unrast des Wanderers ist geradezu ein Wesenszug der Philosophie. Da der Philosoph alles Lebensnotwendige bei sich hat, kann er sich überall zu Hause fühlen und wie Diogenes, nach seiner Heimatstadt gefragt, zur Antwort geben: «Ich bin ein Weltbürger, ein *kosmopolítes*.»

Noch radikaler formuliert es der indische Prinz Siddhartha: «Eng ist das Leben in der Häuslichkeit, dieser Stätte der Unreinheit, die Heimat des Bettelmönchs ist der freie Himmelsraum. Nicht leicht ist es für den Hausbesitzer, den vollendeten, völlig reinen, vollkommenen Wandel der Heiligkeit zu führen. Ich will mir Haar und Bart scheren, die gelben Gewänder eines Wandermönchs anlegen und aus dem häuslichen Leben in die Hauslosigkeit ziehen.»

Wer nur ein Zimmer hat, wünscht sich eine kleine Wohnung; wer eine Wohnung hat, wünscht sich ein Haus; wer ein Haus hat, wünscht sich einen Zweitwohnsitz, eine Datscha, ein Schloß. Aber selbst der märchenhafte Palast von Kapilavatthu war eine Hundehütte, verglichen mit dem Sternenzelt. Prinz Siddhartha machte sich auf den langen Weg zur Buddhaschaft, und der Weg war das Ziel.

Auch die anderen großen Religionsstifter verkrochen sich nicht hinterm Ofen. Jesus wanderte predigend und heilend durch Palästina. Der Apostel Paulus unternahm drei beschwerliche und gefährliche Missionsreisen durch den Osten des Römischen Reiches. Mohammed war vor seiner Berufung zum Propheten weit herumgekommen und erreichte den Durchbruch für seine Religion nicht zu Hause in Mekka – der Prophet im eigenen Lande kann von Glück sagen, wenn er mit heiler Haut davonkommt –, sondern an seinem Zufluchtsort Medina. Selbst der konservative Konfuzius verbrachte lange Jahre seines Lebens auf Wanderschaft, immer auf der Suche nach einem guten Fürsten, der ihm die Verwaltung seines Reichs anvertrauen würde.

Nur Sokrates scheint eine Ausnahme zu sein. Er hat keine größeren Reisen unternommen, und als man ihm den Prozeß macht, wählt er, statt nach Thessalien ins sichere Exil zu gehen, den Tod in seiner Heimatstadt Athen. Sein Freund Kriton drängt ihn zur Flucht. Der Philosoph antwortet, er habe in der Nacht einen Traum gehabt: «Es schien mir, als komme ein schönes, wohlgestaltetes Weib in weißem Gewande und rufe mich und spreche: ‹Sokrates, *in drei Tagen stehst du auf Phthias fruchtbaren Feldern.*›»

Kriton glaubt schon, er habe gewonnen, denn Phthia liegt in Thessalien. Sokrates aber deutet den Traum anders. Die Botschaft der weißen Frau ist ein Zitat aus der *Ilias*. Achilles, der aus Phthia stammt, rüstet sich nach dem Streit mit Agamemmnon zur Heimreise und sagt:

«Wenn der Klippenerschütterer Poseidon glückliche Fahrt mir gewähret, stehe ich in drei Tagen auf Phthias fruchtbaren Feldern. Vieles hab ich daheim, was ich beim Aufbruch hierher zurückließ ...»

Achill leidet an Heimweh. Auch der alte Sokrates leidet an «Heimweh». Er sieht keinen Sinn darin, ins Exil zu gehen, weil er bereits «in der Fremde» ist. Die Erde ist ein einziger großer Verbannungsort, und eine Stadt hier ist so gut wie die andere. Warum sollte er die Gelegenheit, vorzeitig in die wahre Heimat zurückzukehren, verstreichen lassen, um noch ein paar melancholische Jahre im Norden zu fristen?

Das ganze Leben eine Etappe auf der Seelenwanderung, der Mensch ein Pilger, der Tod eine glückliche Heimkehr – diese Motive ziehen sich durch das Denken und Fühlen der Menschen, seit sie versuchen, ihr Leben zu begreifen. Und so ist der Aufbruch zu einer konkreten Pilgerfahrt – sei es nach Mekka, nach Lourdes oder als Sonnenanbeter nach Ibiza – vielleicht nur eine symbolhafte Handlung. Wenn Leben Unterwegs-Sein bedeutet, bedeutet Unterwegs-Sein Leben. Das ist zwar nicht logisch zwingend, aber seit wann gehorcht das Unterbewußtsein der Logik?

Darf man Wallfahrer und Ibizaflieger in einen Pilgerhut werfen? Ich kann da keinen wesentlichen Unterschied erkennen. Die Pilger des christlichen Mittelalters waren ohne Frage Vorläufer des modernen Massentourismus. Nach Santiago de Compostela in Nordwestspanien – neben Jerusalem und Rom der bedeutendste Wallfahrtsort – tippelten, ritten und humpelten Jahr für Jahr Hunderttausende. Es gab Reiseführer in Buchform, die über Routen, Hospize, Proviant und Sehenswürdigkeiten informierten, Land und Leute beschrieben und vor den baskischen Wegelagerern warnten. Ein beträchtlicher Teil der Pilgerschar

– ein Viertel bis ein Drittel – war weiblichen Geschlechts, und da am Ziel der Reise (das war das Grab des heiligen Jakobus) die Vergebung der Sünden winkte, konnte man (jedenfalls auf dem Hinweg) noch einmal über die Stränge schlagen. Das gängige Souvenir war die Jakobsmuschel. Sie dokumentierte – wie heute Sonnenbräune und Urlaubsdias – die erfolgreich bestandene Pilgerfahrt.

*

Abreisen, um irgendwo an- und irgendwann zurückzukommen, ist eine Sache. Ganz etwas anderes ist die Fahrt ins blaue Wunder, der Aufbruch des Glücksritters, die Reise ans Ende des Regenbogens, wo ein Topf voller Gold wartet. In meiner ersten Fibel stand das Lied von Hänschenklein:

> «Hänschenklein ging allein
> in die weite Welt hinein.
> Stock und Hut stehn ihm gut,
> wandert wohlgemut.»

Die Illustration zeigte einen apfelbäckigen Jungen, der eben fröhlich sein Elternhaus, eine Ludwig-Richter-Idylle, verließ. Die Straße wand sich in eine lockende Ferne. Die Mutter lehnte am Türpfosten und vergoß mächtige Tränen.

> «Doch die Mutter weinet sehr,
> hat ja nun kein Hänschen mehr.
> Da besinnt sich das Kind,
> läuft nach Haus geschwind.»

Niemals hab ich Hänschenklein und seiner Mutter diese zweite Strophe verziehen. So ein verdammter Blödmann! Warum zum Teufel kehrte er um? Warum? Da hatte der kleine Nils Holgersson doch mehr Mumm! Und der junge Parzival schaute sich nicht einmal um, als seiner Mutter das Herz brach. Bereits einen Tag später hatte er im Pavillon der schönen Herzogin Jeschute seinen ersten Minnedienst verrichtet. Bravo! Was für ein überwältigendes Gefühl, sich vertrauensvoll seinem Schicksal in die Arme zu werfen. «Ich wußte, irgendwo auf der Strecke würde es Mädchen geben, Visionen, alles; irgendwo auf der Strecke würde mir die Perle überreicht werden», schildert Jack Kerouac seinen Aufbruch aus New York. «So machte ich eines Morgens zum letzten Mal mein bequemes Bett, nahm meinen Segeltuchsack, in den ein paar Sachen des allerprimitivsten Bedarfs gepackt waren, und zog mit fünfzig Dollar in der Tasche los zum Stillen Ozean.»

Ich hatte buchstäblich keinen Pfennig in der Tasche, als ich mit fünfzehn Jahren und zwei Plastiktaschen von zu Hause ausriß. Aber wozu Geld! Und wozu ein Reiseziel? Die Welt war prallvoll von Prinzessinnen und halben Königreichen. Das Führerhaus des Lastzugs, der mich an der B 4 aufgelesen hatte, wurde zum Bug der «Argo». Der Diesel rüttelte und das Radio dröhnte: *House of the Rising Sun*. Es war der ultimative Flash. Meine späte Rache an Hänschenklein. *«There was a house in New Orleans, they called ‹The Rising Sun› ...»* Die Euphorie dauerte bis Uelzen. Schade, daß man solche Reisen nur einmal im Leben machen kann.

*

«Und du fährst überhaupt nicht mehr in Urlaub?» fragte Lydia ungläubig.

«Keine Lust mehr. Ich komm’ auch so genug rum», sagte ich.

«Ohne Urlaub könnt’ ich nicht», sagte sie. «Letztes Jahr bin ich knapp vierzig Stunden geflogen.»

«Nur vierzig? Da komm' ich auf mehr.»

Das verschlug der Schere das Gewisper: «Echt?»

«Knapp zehntausend.»

«Kilometer?»

«Stunden. Einmal mit der Erde um die Sonne.»

«Gleich schneid' ich dir was ab. Echt!»

Die Geschichte mit dem Marienkäfer hat also noch eine Fortsetzung. Die Erde, über die der ICE kriecht, dreht sich um sich selbst und kullert dabei durchs Sonnensystem. Das Sonnensystem gehört zu einem Spiralarm unserer Milchstraße. Für eine Reise um deren Zentrum braucht es 250 Millionen Jahren, obwohl es wirklich nicht bummelt. Und auch die Galaxie selbst ist auf Achse, nichts wie weg vom verödeten Schauplatz des Urknalls.

Da fällt mir ein: *Eine* Reise, die würde ich gern noch mal machen. Ich meine die Reise aus dem berühmten «Zwillingsparadox»: Ich würde mit Lichtgeschwindigkeit durch die Steilkurven des Universums rasen, mit Lichtgeschwindigkeit zurückkehren und wäre bei meiner Ankunft so alt wie Lydia.

Zum Weiterlesen empfehle ich:
Im Kreis der Welt von Michael Crichton (Reinbek 1991).

18

DER KRIEG

oder

Ist Angst eine Tugend?

«Liebe Eltern! Ihr dürft mich beglückwünschen. Man gibt mir die Gelegenheit, auf großartige Weise zu sterben. Dies ist mein letzter Tag. Das Schicksal unserer Heimat hängt von der entscheidenden Schlacht in den Meeren des Südens ab, und ich werde dort fallen wie eine Blüte von einem strahlenden Kirschbaum ...» (Abschiedsbrief eines Kamikaze-Piloten)

Einer meiner Urgroßväter war 1870 bei Mars la Tour dabei. Mein Großvater kutschierte im 1. Weltkrieg einen Sanitätswagen. Mein Vater lag im 2. Weltkrieg vor Leningrad. Ich verspürte keinen unbezähmbaren Drang, diese Tradition fortzusetzen. Daher füllte ich rechtzeitig vor der Musterung einen Antrag auf Wehrdienstverweigerung aus. Die Begründung fiel mir nicht schwer. Der Krieg – das war doch der reine Wahnsinn, die Hölle auf Erden, das absolut Böse – das war Verdun, Stalingrad, Hiroshima und My Lai. Welche Argumente konnte man für das millionenfache Abschlachten Unschuldiger ins Feld führen? Womit Vergewaltigung, Verstümmelung, Verwüstung und Vertreibung rechtfertigen? Nein! Nie wieder Krieg! *Make love not war!* Nie, nie, nie wieder Krieg! Ganz einfach. Für einen 18jährigen ist alles ganz einfach.

Heute bin ich eine Generation älter, und jedesmal wenn ich in diesem Frühling das Radio einschalte, werde ich mit Meldungen über die Luftangriffe auf das sogenannte Rest-Jugoslawien bombardiert. Auch wenn unsere Politiker das Wort ungern in den Mund nehmen: Es herrscht *Krieg*, mitten in Europa, und deutsche Soldaten sind daran beteiligt. Verblüffend. Und noch verblüffender: Sogar gestandene Pazifisten sind diesmal *dafür*! Die Luftschläge erscheinen unvermeidlich, denn man kann doch nicht tatenlos zusehen, wie zwei Millionen Albaner unter grausamsten Umständen aus ihrer Heimat vertrieben werden, oder? Der Zweck entschuldigt die Tornados. Gibt es ihn also doch, den *moralischen* Krieg?

Jeder Krieg ist moralisch, sagt der Realist. Wer einen Krieg führen wollte, der war um die Moral noch nie verlegen. Als die Kreuzritter nach Jerusalem aufbrachen, um Christi Grab zu «befreien», hatten sie da etwa ein schlechtes Gewissen? Im Gegenteil. «Gott will es!» hatte der Papst höchstpersönlich verkündet. Es war also eine Art *Gottesdienst*, als die Christen am 15. Juli 1099, vom heiligen Zorn übermannt, im eroberten Jerusalem über 50 000 Muslime und Juden abschlachteten. Gottes Wille ist bis heute ein beliebtes Argument.

Wer nicht an Gott glaubt, der zitiert Macchiavelli: «Die Eroberungslust ist etwas sehr Natürliches und Verbreitetes, und sooft Fürsten, die die Macht dazu haben, auf Eroberungen ausgehen, werden sie gepriesen oder wenigstens nicht getadelt.» Ein Angriffskrieg, fand der Florentiner Philosoph, sei nur dann verwerflich, wenn er mit einer Niederlage ende; die Moral ergreife stets die Partei des Siegers. Womit er nicht ganz unrecht hatte.

Die Verteidigungsminister unserer Tage führen, wenn sie ihre Kriege verteidigen, mit Vorliebe *das kleinere Übel* ins Feld. Man entschließt sich nur dann zum Kampf, wenn es Schlimmeres zu verhindern gilt. Man will einem Angriff des Feindes zuvorkommen (wie die Israelis im Sechs-Tage-Krieg), man will der Ausbreitung einer totalitären Ideologie einen Riegel vorschieben (wie die Amerikaner in Vietnam), man will (wie «wir» jetzt im Kosovo) einen Völkermord verhindern. So wird der Angreifer zum Verteidiger – des eigenen Lebens, der freiheitlichen Ideale oder der Menschenrechte. Dies mag im konkreten Einzelfall durchaus den Tatsachen entsprechen, die Begründung hat jedoch einen strukturellen Haken: Was durch den Präventivkrieg verhindert werden soll, ist noch nicht eingetreten und deshalb immer *hypothetisch*. An Hypothesen aber hat noch niemals Mangel geherrscht, schon gar nicht in den Planspielen der Militärs. Das erste Opfer in jedem Krieg ist die Wahrheit.

*

Der Krieg erscheint uns heute, wenn nicht absolut verdammenswert, so doch zutiefst suspekt. Das war nicht immer so. Am Anfang der abendländischen Philosophie steht der Satz: «Der Krieg ist der Vater aller Dinge.» Heraklit, dem wir diese ungeheuerliche Weisheit verdanken, lebte zur Zeit der Perserkriege oder kurz davor. Man kämpfte damals noch mit Speer und Schwert in geschlossener Reihe, Mann gegen Mann, Auge in Auge, und hielt sich an ungeschriebene Regeln, die quasi-rituelle Bedeutung hatten. Insofern war der Krieg fairer als heute. Trotzdem eine dreiste Behauptung: «Der Krieg ist der Vater aller Dinge.» Das Destruktive schlechthin als schöpferische Kraft? Hat Heraklit vielleicht nur den Krieg in seiner übertragenen Bedeutung gemeint? Wollte er sagen, daß alles aus dem Gegensatz, aus dem Widerspruch entsteht? Unsere Wirtschaft lebt vom Konkurrenzkampf, unsere Demokratie vom Kampf um die Wählerstimmen, die Philosophie vom Streit der Meinungen, das Recht von der Auseinandersetzung zwischen Anklage und Verteidigung.

Alles Eindimensionale – das Monopol, die Einheitspartei, das Dogma – ist unfruchtbar. Der «Krieg» der Gegensätze ist in der Tat fruchtbar. Auf unser Thema angewendet, würde das heißen: Es bringt uns keinen Millimeter weiter, wenn wir den Krieg unisono verteufeln. Gewähren wir ihm also ein faires Verfahren!

*

KRIEG UND FRIEDEN (Gerichtsdrama in einem Akt)

DIE PHILOSOPHIE (auf dem Richterstuhl): Der Prozeß ist eröffnet. Der Vertreter der Anklage hat das Wort.

DER FRIEDE: Ich klage an: Der Krieg ist ein Konzentrat allen Unheils. Wenn er im apokalyptischen Quartett mit Pest, Hunger und Tod über das Land kommt, vernichtet er alles Schöne und Wertvolle, um eine rauchende, von Leichen übersäte Wüste zu hinterlassen. «Friede» ist dagegen ein Synonym für «Glück». Nicht umsonst haben sich die Menschen das Paradies als einen Hort des Friedens vorgestellt. Und steht etwa auf irgendeinem Grabstein: «Ruhe im Krieg»? Nein, alle Menschen sehnen sich nach äußerem und innerem Frieden. Der Krieg aber ist der Vater aller Verbrechen und gehört ausgemerzt.

DER KRIEG (überlegen lächelnd): Zugegeben: Im Garten Eden soll Harmonie geherrscht haben. Und nach Marx wird die kommunistische Gesellschaft das Paradies auf Erden wiederherstellen. Aber das sind kindische Wunschträume. In Wirklichkeit ist ein Leben ohne Konflikte gar nicht vorstellbar. Das sagte schon Platon, Hobbes bestätigte es, und Darwin lieferte die biologischen Belege: Das Leben ist ein gnadenloser *Kampf aller gegen alle*. Ich, der Krieg, bin die gesunde Normalität, und Friede herrscht nur, wenn ich einmal Atem zu schöpfen geruhe.

DER FRIEDE: Der «Kampf aller gegen alle» ist eine philosophische Kopfgeburt. Die Menschheit besteht nicht aus mörderischen Einzelgängern. In den Familien dominieren Liebe und Solidarität. Auch innerhalb einer Nation werden Konflikte normalerweise einvernehmlich oder juristisch geregelt. Was spricht gegen einen dauernden internationalen Gewaltverzicht? Dazu braucht es nicht viel (wie schon Kant wußte): Demokratisierung aller Staaten; eine Art Weltpolizei, die über das Völkerrecht wacht; Erziehung zum Kosmopolitismus.

DER KRIEG (lacht): Warum schließen sich denn Menschen zusammen? Fünf Finger bilden eine Faust, und mit der Faust kann man besser dreinschlagen. Was sind Nationen anderes als große Räuberbanden? Staaten verbünden sich nicht um des Friedens willen, sondern gegen einen gemeinsamen Feind. Ein weltumspannendes Bündnis ist deshalb ein Widerspruch in sich, solange wir nicht in einem «Krieg der Welten» gegen Killer-Tomaten aus dem All antreten müssen.

DER FRIEDE (eifrig): Gemeinsame Feinde gäbe es genug: Hunger, Krankheiten, Umweltzerstörung. In einer friedlichen Welt könnten sie wirksam bekämpft werden. Kriege aber vergrößern nur das Elend und lösen keine Probleme.

DER KRIEG (kühl): Das Problem Hitler wurde meines Wissens nicht durch Händchenhalten gelöst. Überhaupt müssen wir hier doch einmal grundsätzlich unterscheiden: Es gibt verbrecherische Kriege, und es gibt legitime Kriege. Dies gilt sowohl für die Kriegsgründe als auch für die Kriegsführung. Mord ist nicht mit Notwehr gleichzusetzen, und das Schlachtfeld ist kein rechtsfreier Raum. Es gibt ein modernes Kriegsrecht, kodifiziert in den Genfer Konventionen, das

z. B. Kriegsgefangene, Zivilisten und speziell Frauen vor Übergriffen schützt.

DER FRIEDE: Feldgraue Theorie! In früheren Zeiten mag der Krieg bisweilen eine Art ritterliches Kräftemessen gewesen sein, von dem die Zivilbevölkerung weitgehend verschont blieb. Aber bereits im Zweiten Weltkrieg kamen auf einen toten Soldaten drei tote Zivilisten. Und die Zukunft sieht noch düsterer aus. ABC-Waffen und Landminen unterscheiden nun einmal nicht zwischen Soldaten und spielenden Kindern. Und die «chirurgische Kriegsführung», mit der die High-Tech-Strategen neuerdings prahlen, ist nur eine dreiste Propaganda-Lüge.

DER KRIEG (ärgerlich): Das bestreite ich entschieden. Aber Sie haben mich eben auf einen guten Gedanken gebracht. Stichwort High-Tech: Der Krieg ist seit jeher ein Motor des Fortschritts gewesen. Keule, Schießpulver, Cruise Missile – die Bedrohung von außen setzt die Völker unter Druck, beständig intelligentere Waffen und Werkzeuge zu erfinden. Der Knüppel ersetzte die geballte Faust. Davids Schleuder streckte den Riesen Goliath nieder. Die römischen Legionen verbreiteten die Schriftkultur und das WC über ganz Europa. Geschicklichkeit und List triumphierten über brachiale Gewalt, Strategie und Disziplin über Masse und blinde Wut. Die modernen Kriege werden am Computer entschieden. Der Sieg ist immer auf seiten der Innovation. Ohne Kriege würden die Menschen noch in Höhlen hausen.

DER FRIEDE: Stimmt. Dschingis Khan und Attila, Cortez und Pizarro, Adolf Hitler – alles unheimlich kreative und fortschrittliche Männer.

DER KRIEG (eisig): Sie wollen mich nicht verstehen. Wie ich Sie kenne, werden Sie auch nicht wahrhaben wollen, daß der Krieg für viele Männer die Erfüllung eines Lebenstraums darstellt. Die Spartaner schmückten sich vor jeder Schlacht, als gingen sie zu einem Fest. Oder denken Sie an den *bushido*, den japanischen «Weg des Kriegers»! In der Ethik der Samurai war alles auf Kampfkraft, Treue und Todesverachtung im Geiste des Zen-Buddhismus ausgerichtet. Der Krieg wurde zur spirituellen Prüfung. Auch im westlichen Denken hat das Fronterlebnis immer wieder quasi-religiöse Empfindungen hervorgebracht. Ernst Jünger beschreibt seine Begeisterung im August 1914 wie folgt:

«Wir hatten Hörsäle, Schulbänke und Werktische verlassen und waren in den kurzen Ausbildungswochen zu einem großen, begeisterten Körper zusammengeschmolzen. Aufgewachsen in einem Zeitalter der Sicherheit, fühlten wir alle die Sehnsucht nach dem Ungewöhnlichen, nach der großen Gefahr. Da hatte uns der Krieg gepackt wie ein Rausch.»

Der Krieg war das Abenteuer schlechthin, der ultimative Initiationsritus, mit einer eindeutig erotischen Färbung: «In einem Regen von Blumen waren wir hinausgezogen, in einer trunkenen Stimmung von Rosen und Blut. Der Krieg mußte es uns ja bringen, das Große, Starke, Feierliche. Er schien uns eine männliche Tat, ein fröhliches Schützengefecht auf blumigen, blutbetauten Wiesen. ‹Kein schönrer Tod auf dieser Welt ...›. Ach, nur nicht zu Haus bleiben, nur mitmachen dürfen!»

DER FRIEDE (wütend): Das sind doch faschistoide und nekrophile Ideen! Und dazu durch und durch verlogen: Ihre Spartaner waren brutale Sklavenhalter mit einer SS-Moral. Und was verbirgt sich hinter dem Samurai-Mythos? Die meisten waren nichts weiter als verkommene Landsknechte, die ihre Schwerter mit Vorliebe an wehrlosen Reisbauern ausprobierten. Den jungen

Burschen aber, die wie Ernst Jünger empfinden, würde ich einen guten Psychiater empfehlen oder, wenn es denn unbedingt «das Große, Starke, Feierliche» sein soll, die Besteigung eines Achttausenders. Aber es ist freilich leichter, ein paar Leute abzuknallen oder eine Bombe auszuklinken. Der Anblick eines Atompilzes soll ja durchaus ehrfurchtgebietend sein. Schade nur, daß die Einwohner von Hiroshima und Nagasaki so wenig Sinn für Spiritualität hatten.

DER KRIEG (wütend): Immerhin gehört Tapferkeit dazu, im Krieg seinen Mann zu stehen. Hinter dem ganzen pazifistischen Gequatsche steckt meines Erachtens nur *klägliche Feigheit*. Es ist doch absolut unglaublich, daß heutzutage das Eingeständnis von Angst als ein *Zeichen von Mut* gewürdigt wird! Der Gipfel der Absurdität, daß als *wahre Helden* die Befehlsverweigerer und Deserteure gelten! «Stell dir vor, es ist Krieg, und keiner geht hin.» Solche Leute würde ich gleich zum Minenräumen einsetzen.

DER FRIEDE (triumphierend): Aber im Grundgesetz steht …

DER KRIEG (würgt den Frieden, bis der keinen Mucks mehr von sich gibt): So, jetzt ist Ruhe.

DIE PHILOSOPHIE (zitternd vor Entsetzen): Hören Sie auf, Sie bringen ihn ja um!

DER KRIEG (gutgelaunt): Keine Sorge! Er kommt schon wieder zu sich. Der Friede ist genauso unsterblich wie Sie und ich.

DIE PHILOSOPHIE: Na gut. Dann ziehe ich mich jetzt zur Beratung zurück. (Vorhang)

*

Einstein und Freud berieten zusammen über Möglichkeiten, die Menschheit von der Geißel des Krieges zu befreien. Einstein empfahl eine Art Weltgerichtshof, der alle auftretenden Konflikte schlichten sollte; dazu müßten alle Staaten einen Teil ihrer Autorität abtreten sowie genügend Truppen zur Durchsetzung der Urteilssprüche bereitstellen. Doch sein Grundton blieb Skepsis: «Im Menschen lebt ein Bedürfnis, zu hassen und zu vernichten. Diese Anlage ist in gewöhnlichen Zeiten latent vorhanden und tritt dann nur beim Abnormalen zutage; sie kann aber verhältnismäßig leicht geweckt und zur Massenpsychose gesteigert werden. Hier scheint das tiefste Problem des ganzen verhängnisvollen Wirkungskomplexes zu stekken.»

Der greise Freud bestätigte Einsteins Diagnose, sah aber gleichwohl einen Silberstreif am Horizont: Zum einen entwickle sich die Menschheit intellektuell weiter, zum anderen habe sich der Charakter des Krieges dramatisch verändert. «Vielleicht ist es keine utopische Hoffnung, daß der Einfluß dieser beiden Momente, der kulturellen Einstellung und der berechtigten Angst vor den Wirkungen eines Zukunftskrieges, dem Kriegführen in absehbarer Zeit ein Ende setzen wird.»

Das war im Jahre 1932. Sieben Jahre später starb Freud im Londoner Exil, und Einstein sprach sich in einem Brief an Präsident Roosevelt dafür aus, Amerika solle, um Hitler zuvorzukommen, möglichst schnell eine Atombombe bauen.

Nein, der Krieg wird sich – gleichgültig, wie vehement wir ihn verurteilen – nicht endgültig besiegen lassen, nicht von Psychoanalytikern, nicht von Philosophen, schon gar nicht von friedensbewegten Pädagogen, die den Kindergarten zum Seminar der Gewaltlosigkeit umfunktionieren. Der Krieg ist unsterblich. Und deshalb bereue ich mittlerweile, daß ich nie eine Ausbildung an der Waffe gemacht habe. Ich habe nicht vor, mich für den Krieg zu begeistern. Aber ich möchte im Ernstfall selbst verteidigen können, was mir lieb und wert ist.

Zum Weiterlesen empfehle ich:
Das Handwerk des Krieges von Cora Stephan (Berlin 1998).

19

DAS LACHEN

oder
Göttergabe – Teufelsfratze?

«Wenn ein Witz wirklich gut ist, ist es mir egal, wen ich damit
beleidige.» (Billy Wilder)

Lachen über einen Witz kann jeder, dessen rechter Stirn-
lappen intakt ist. Witze *erzählen* ist schon schwieriger.
Man braucht schauspielerische Begabung, eine gesunde
Wurschtigkeit und, nicht zu vergessen, ein gutes Gedächtnis. Noch mehr Achtung als die Witzeerzähler nötigen mir
die Witz*erfinder* ab. Es gibt sie tatsächlich, diese genialen
Heinzelmännchen des Humors. Angeblich erfand Woody
Allen, als er noch ein schüchterner College-Student war,
während jeder U-Bahn-Fahrt dreißig bis vierzig Gags. Auf
diese Weise erlernte er das Mundwerk des geschliffenen
Monologs, und zudem vergüteten die Zeitungen ihm für
jeden abgedruckten Einzeiler fünf Dollar. Unser Harald
Schmidt zahlt, wie man hört, einhundertfünfzig Mark pro
gesendeten Gag. Das heißt: Wenn einem nur *ein* neuer,
präsentabler Witz pro Tag einfiele, könnte man davon
leben! Es lohnt sich also, einmal gründlich über das Lachen und seine vielfältigen Ursachen nachzudenken. Es
lohnt sich doppelt, weil das Geheimnis des Humors bis
heute nicht vollständig gelüftet ist. Hier liegt ein philosophischer Schatz, der noch zu heben ist.

*

Auf «Humanität» folgt «Hylomorphismus». Der «Humor» kommt in meinem philosophischen Lexikon über-

haupt nicht vor. Auch unter «Komik», «Witz» und «Lachen» – Fehlanzeige. Verstehen Philosophen keinen Spaß? Oder finden sie ihn zu trivial für eine gründliche Untersuchung?

Das Links-liegen-Lassen des Humors durch die Philosophie ist um so erstaunlicher, als die ersten Philosophen, die alten Griechen, ein lachlustiges Völkchen waren. Die homerischen Götter produzierten gern ein «unauslöschliches Gelächter». Die Sieben Weisen glänzten durch witzige Aussprüche (Thales auf die Frage, warum er kinderlos geblieben sei: «Aus Mitleid mit den Kindern.»). Perikles sah in der Komödie ein Mittel zur Demokratisierung des Volkes. Die Dichter hatten Narrenfreiheit und durften in ihren Stücken jeden Politiker, jede Institution veralbern. Die Armen erhielten Geld aus der Staatskasse, damit sie sich im Theater amüsierten. Auch die Philosophie war noch nicht tierisch ernst. Als Diogenes hörte, Platon habe den Menschen als einen «Zweibeiner ohne Federn» definiert, rupfte er einen Hahn und stellte ihn als «platonischen Menschen» vor.

Mit solchen Kindereien war es vorbei, als Aristoteles seinen Schülern diktierte: «Das Lächerliche ist ein mit Häßlichkeit verbundener Defekt, der indes keinen Schmerz und kein Verderben verursacht, wie ja auch die lächerliche Maske häßlich und verzerrt ist, jedoch ohne den Ausdruck von Schmerz.» Das Lachen war somit als entstellende Grimasse abgestempelt. Die Maske der Komödie vertrug sich nicht mit dem philosophischen Schönheitsideal, das harmonische und ehrwürdige Züge verlangte. Eine gepflegte Melancholie stand dem Denker besser an als verschmitztes Lächeln oder schallendes Gelächter. Spaß war etwas für kleine Kinder und ausgewachsene Narren.

Doch hatte die Degradierung des Humors damit noch

kein Ende. Die frühen Christen entlarvten das Lachen als die Fratze des Bösen. Der Kirchenvater Johannes Chrysostomos behauptete allen Ernstes, Jesus habe niemals gelacht. Für die Menschen sei angesichts des irdischen Jammertals Heulen und Zähneklappern die angemessene Gefühlsäußerung. Einzig die Märtyrer durften sich amüsieren, und auch das nur, um ihre Folterknechte zu ärgern. «Beiß rein, ich bin schon gar!» soll der heilige Laurentius seinen Peiniger verspottet haben, als er auf kleiner Flamme geröstet wurde.

Der einfache Mönch dagegen hatte überhaupt nichts zu lachen. Selbst harmlose Nonnenwitze waren offiziell tabu. In der Benediktiner-Regel heißt es: «Leichtfertige Späße aber und albernes oder zum Lachen reizendes Geschwätz verdammen wir allezeit und überall, und keinem Jünger erlauben wir, zu derlei Reden den Mund zu öffnen.»

Die Puritaner unter Cromwell hätten am liebsten den Witz generell verboten und aus jedem Engländer einen Buster Keaton gemacht. Der Philosoph Thomas Hobbes schrieb, jegliches Lachen zeuge von Überheblichkeit und Dummheit. Der Witz galt unter Gebildeten als der häßliche Hofnarr des Verstandes, als unsauber, unheimlich und infantil, eine Sünde des Geistes, ein Vetter des Wahnsinns. Der Witzbold unterminierte aus kindischem Übermut die gedankliche und gesellschaftliche Ordnung. Das Leben in dieser Ordnung war jedoch eine von Gott auferlegte Pflicht, kein Jux. Wer diese Wahrheit ignorierte, wie der Possenreißer, der auf den Jahrmärkten das gemeine Volk ergötzte, stand bis in die frühe Neuzeit auf der untersten Stufe der sozialen Leiter. Mit «Dirty Harry» Schmidt hätten allenfalls Huren und Henker verkehrt.

Erst mit der Renaissance erwachte der Humor zu neuem Leben. Boccaccios kunstvoll-frivoles *Decamerone* begeisterte Italien. Die antiken Komödien wurden in die Volkssprache übersetzt und eroberten die Bühnen. Rasch fanden sich moderne Nachahmer. Geniale Satiriker wie Aretino genossen die Gunst der Fürsten. Papst Leo X. höchstpersönlich amüsierte sich im Theater. Von Rom ausgehend, breitete sich die Prustseuche über ganz Europa aus. Cervantes, Shakespeare, und Rabelais schufen ihre unsterblichen Werke. Letzterer stellte seinen *Gargantua* unter das Motto:

«Lachen ist des Menschen höchstes Gut.»

Der Satz bekommt philosophisches Gewicht, wenn man sich vor Augen hält, daß «das höchste Gut» für Platon das Ideal der Ideale gewesen war, an dem sich alles Irdische messen lassen mußte, und daß für die mittelalterlichen Theologen «das höchste Gut» ein Beiname Gottes war. Rabelais verkündete seinen Zeitgenossen nicht weniger als die revolutionäre *Apotheose des Humors*.

*

Wir, die Kinder dieser Revolution, leben in einer entwikkelten Witzkultur. Cartoons, Karikaturen, Glossen in jeder Zeitung, im Kino Woody Allens jüngster Film («Celebrity»), im Fernsehen unser täglich Sitcom (mit oder ohne Gelächter aus der Dose) und zum Einschlafen die Late-Night-Show. Kabarett auf Kellerbühnen, Nonsense in Messehallen, Werbegags auf Plakatwänden. Ein allgegenwärtiger Supidupi-Markt des Humors. Für jeden Geschmack, für jede Geschmacklosigkeit das Richtige. Den einen ergötzt der Lachsack, der andere steht auf Verona Feldbusch, ein dritter hat's lieber etwas feinsinniger. Humor ist etwas sehr Persönliches. Sigmund Freud hat ihn nicht umsonst als einen entfernten Verwandten des Traumes gedeutet. Wer einen Witz erzählt, gibt damit seine

Visitenkarte ab. Verrate mir deinen Lieblingswitz, und ich sage dir, wer du bist!

Mein Lieblingswitz geht so – und ich schicke schon mal die Warnung voraus, daß es ein ausgesprochen intellektueller Witz ist, ein Metawitz sozusagen, fast schon ein *koan*, und die meisten Leute brauchen Minuten, um ihn zu kapieren – also, er spielt im Wilden Westen und geht so: *Ein Pferd kommt in den Saloon, trabt an die Bar und bestellt einen Whisky: «Aber mit dreizehn Eiswürfeln!» Der Barkeeper schenkt ein und schiebt das Glas über den Tresen. Das Pferd versucht das Glas zu fassen, stellt sich dabei aber so ungeschickt an, daß das Glas runterfällt. Peng! Der Whisky spritzt, und die Eiswürfel kullern über den Boden. Das Pferd leckt einen nach dem anderen auf. Es findet aber nur zwölf.*

Na, haben Sie ihn? Sonst rufen Sie dreimal, so laut sie können: «Witz, komm raus, du bist umzingelt!»

*

Was ist es, das uns zum Lachen reizt? Immanuel Kant fand: «Es muß in allem, was ein lebhaftes, erschütterndes Lachen erregen soll, etwas Widersinniges sein.» Und weiter: «Das Lachen ist ein Affekt aus der plötzlichen Verwandlung einer gespannten Erwartung in nichts.» Die Seele werde durch einen überraschenden Gegensatz in Schwingungen versetzt, wie eine Klaviersaite durch den Anschlag. Zur Verdeutlichung hier ein Kleinod des doppelbödigen Humors: *«Der Blockwart trifft Goldstein und brüllt: «Heil Hitler!» Murmelt Goldstein: «Bin ich Psychiater?»*

Ein Vexierbild zeigt uns zwei Bilder in einem und animiert das Auge zum «Umspringen». Nach Kants Theorie liegt der Reiz des Witzes in einem Vexier*gedanken*. Wenn unsere Aufmerksamkeit infolge der Doppeldeutigkeit von «Heil!» in Vibration gerät, überträgt sich diese Schwingung auf das Zwerchfell, das Zwerchfell aktiviert die Lunge, und wir lachen lustvoll, bis die Heiterkeit allmählich verebbt.

Dies ist ein gängiges Witzmuster, aber nicht das einzige: *«Mama, wann gibt's mal wieder Zunge zum Mittagessen?»* – *«Nngnnggg, nngnnggg.»* Das Genre der Gruselwitze lebt nicht vom Wortspiel, sondern von der Inkongruenz zwischen der Ungeheuerlichkeit der Situation und ihrer lapidaren, gefühlskalten Präsentation, zwischen Gefühl und Verstand: *Im Schützengraben: «Haben Sie den Gefreiten Müller gesehen?»* – *«Teilweise.»* Das Grauen bildet den dunklen Hintergrund des Witzes, so wie eine Gewitterwolke den Blitz grell hervortreten läßt. *«Frau Meier, Frau Meier, Ihr Mann ist von der Dampfwalze überfahren worden!»* – *«Ich bin grad in der Badewanne. Schieben Sie ihn einfach unter der Tür durch.»* Solche Witze müssen mit bierernster Miene erzählt werden, um ihre Wirkung voll zu entfalten, und jedes erklärende Wort wäre ein Verbrechen.

Letzteres gilt für alle Witze. Eine erklärte Pointe ist eine ermordete Pointe. Der Witz ist eine Art Rätsel, und der Witz ist verstanden, wenn das Rätsel gelöst ist. Theodor Lipps hat dieses Prinzip auf den Punkt gebracht: «Der Witz sagt, was er sagt, nicht immer in wenig, aber immer in *zu wenig* Worten.» Der folgende Witz ist schon fast eine Kurzgeschichte, doch die Pointe könnte lakonischer nicht sein, und des Rätsels Lösung nicht frappierender: *Eine junge, unverheiratete Frau wird mit Wehen ins Krankenhaus von Bologna eingeliefert. Sie fleht den Arzt an: «Retten Sie mich! Wenn ich mit dem Kind nach Hause komme, bringt mein Vater mich um!»* Der Arzt beruhigt sie, er werde eine Lösung finden. Zufällig unterzieht sich gerade der Erzbischof von Bologna in eben diesem Krankenhaus einer Blinddarmoperation. Als er aus der Narkose erwacht, steht der Arzt* *an seinem Bett: «Eminenz, ein Wunder ist geschehen! Ihr habt einen Sohn geboren.» Nun kann ein Erzbischof kaum leugnen, daß es Wunder gibt. Also nimmt er das Kind an. Es wächst im erzbischöflichen Palast zu einem strammen Jüngling heran. An seinem 18. Geburtstag läßt der Erzbischof ihn zu sich rufen und sagt: «Mein Sohn, heute wirst du volljährig, und die Zeit ist gekommen, daß du die Wahrheit über deine Herkunft erfährst. Du bist in dem Glauben aufgewachsen, daß ich dein Vater sei. Aber das stimmt nicht. In Wahrheit bin ich deine Mutter. Dein Vater ist der Erzbischof von Pisa.»*

*

Ich habe diesen Witz erzählt, um die Frage der Ethik aufzuwerfen. Worüber darf man mit gutem Gewissen lachen? Darf man Schwule veralbern? Über katholische Würdenträger herziehen? Fällt der Erzbischof von Bologna bereits unter den Minderheitenschutz? Und wie steht es mit Behinderten, Ausländern, Blondinen? So traurig es ist – viele Witze gedeihen auf dem Mist uralter Klischees und erhalten ihrerseits diese Klischees am Leben. Selbst das hanebüchenste Vorurteil zieht in der Maske des Witzes die Lacher auf seine Seite: *«Was ist das schwierigste bei der Geschlechtsumwandlung eines Mannes in eine Frau?»* – *«Das Absaugen des Gehirns.»*

Oder die Retourkutsche: *Im Gehirntransplantationszentrum. «Die Gehirne der Männer sind doch größer als die der Frauen. Warum kosten sie dann nur halb so viel?»* – *«So gut wie nie gebraucht.»*

Wo hört die harmlose Hänselei auf, und wo beginnt die Diffamierung, die Diskriminierung, das Vorspiel künftiger Pogrome und Kriege? Goebbels war ein Virtuose der Witzkampagne. Und als die Engländer sich auf den Falklandkrieg vorbereiteten, waren die Zeitungen voll von Argentinier-Witzen. *«Wie sieht die argentinische*

Kriegsflagge aus?» – *«Weißes Kreuz auf weißem Grund.»* Ein lächerlich gemachter Gegner ist schon halb besiegt.

Darf man über solche Witze lachen? Wo die Diffamierung einem politischen Kalkül folgt, sollte einem das Lachen eigentlich im Halse stecken bleiben. Ein Witz darf boshaft sein, aber er sollte niemals Mittel zum bösen Zweck sein. Ein Witz, der sich in den Dienst der Propaganda oder des Mobbings stellt, hat seine Unschuld verloren und verdient, totgeschwiegen zu werden.

Ein Verbot diffamierender Witze wäre allerdings Unsinn. Nirgendwo blüht der Witz so üppig wie unter der Zensur. Wir werden auch weiterhin mit rassistischen, chauvinistischen und geschmacklosen Witzen leben müssen. Diese haben, wenn sie auch nicht komisch sind, immerhin einen Vorteil: Sie warnen uns vor unseren rassistischen, chauvinistischen, opportunistischen und gedankenlosen Zeitgenossen.

*

Nun brauchen wir nicht unbedingt einen geistreichen Witz, um zu lachen. Es reicht schon, wenn jemand aus Versehen in einen Hundehaufen tritt und fluchend nach einem Stück Rasen Ausschau hält. So etwas finden die Passanten dann «komisch». Der Philosoph Henri Bergson hat den heroischen Versuch unternommen, die Komik abstrakt zu fassen: Seiner Erfahrung nach kommt das Komische immer dann zum Vorschein, wenn eine natürliche Aktivität mit mechanischer Steifheit ausgeführt wird – wir stellen uns ein Regiment vor, das im Stechschritt vorbeimarschiert – oder wenn eine starre Routine ohne Rücksicht auf die Situation eingehalten wird – wir denken an das «Dinner for One». Doch ist das Komische damit zur Gänze erfaßt? Nein, es gibt z. B. auch eine verbale Komik. Wenn ein Kind ganz naiv fragt: «Ist Jesus auferstanden, weil er Ostereier essen wollte?»», dann ist das nur komisch, unfreiwillig komisch. Witz und Humor erfordern Willen und Bewußtheit.

*

Humor ist die Krönung des Lachens. Humor ist, wenn man trotzdem lacht. Humor ist, wenn der Mensch mit dem Hundehaufen am Schuh selbst am lautesten lacht. Oder mit den wohlgesetzten Worten Wilhelm Buschs:

> «Es sitzt ein Vogel auf dem Leim,
> er flattert sehr und kann nicht heim.
> Ein schwarzer Kater schleicht herzu,
> Die Krallen scharf, die Augen gluh.
> Am Baum hinauf und immer höher
> Kommt er dem armen Vogel näher.
>
> Der Vogel denkt: Weil das so ist
> Und weil mich doch der Kater frißt,
> So will ich keine Zeit verlieren,
> Will noch ein wenig quinquilieren
> Und lustig pfeifen wie zuvor.
> Der Vogel, scheint mir, hat Humor.»

Die Welt ist voller Hundehaufen. Und jeder Mensch ist ein Vogel, der dem Leben auf den Leim gegangen ist. Wenn man *trotzdem* über sich und die Welt lachen kann, dann gelingt das nur, weil der menschliche Geist nicht gefangen ist, weder in sich noch in dieser Welt. Als Hundehaufenopfer kann ich mich mit den Augen der anderen betrachten und meine Wut selbst komisch finden. Als Mensch, der dem Alter, der Krankheit und dem Tod geweiht ist, kann ich mich quasi mit den Augen der Ewigkeit sehen: als winzige, kurzlebige und gänzlich unbedeutende Kreatur, die sich gleichwohl unendlich wichtig nimmt.

Der Humor sprengt die Grenzen unserer Existenz und erhebt uns so über Ohnmacht und Verzweiflung. Ja, man könnte sagen, der Humor sei eine instinktive Form des religiösen Glaubens, eine Erlösungsphilosophie des Bauches. Aus dessen zuckenden Tiefen steigt unser Lachen – einem freigelassenen Vogel gleich – in den Himmel empor, wo es sich über den Wolken mit dem unauslöschlichen Gelächter der homerischen Götter vereinigt.

*

Wer zuletzt lacht, lacht am besten. Am allerbesten lacht, wer sich totlacht. Deshalb hier zum Abschluß noch ein Schmankerl, über das ich mich schon etwa tausendmal totgelacht habe: *Also, in einem Zugabteil sitzen eine Dame mit einem Pinscher und ein Mann, der eine dicke Zigarre raucht. Sagt die Frau: «Hören Sie, hier ist Nichtraucher!» Der Mann reagiert nicht. Die Dame reißt das Fenster auf, schnappt dem Mann die Zigarre aus dem Mund und wirft sie aus dem Fenster. Da greift sich der Mann den Pinscher und wirft auch ihn hinaus. An der nächsten Station steigen beide aus. Und wer kommt da die Gleise entlang? Der Pinscher, ganz außer Atem! Und was hat er in der Schnauze? Na?*
Den dreizehnten Eiswürfel natürlich!

Zum Weiterlesen empfehle ich:
Erlösendes Lachen von Peter L. Berger (Berlin/New York 1998).

20

DIE SPRACHE

oder
Die Vermummung der Gedanken

«Die wahre Heimat des Menschen ist eigentlich die Sprache.»
(Wilhelm v. Humboldt)

Die Sprache ist die Mutter aller Mißverständnisse. Als der Krieg zu Ende war und die Engländer Norddeutschland besetzten, kamen die «Tommys» eines Tages auch auf den Hof von Großonkel Ferdinand. Zwei junge Soldaten verlangten unwirsch: «Äx, äx!» Großonkel Ferdinand sprach, wie alle Bauern in der Elbmarsch, nur Platt und ein bißchen Hochdeutsch. Er rannte in den Holzschuppen und holte die «Äx», die große, frischgeschärfte Axt. Die Soldaten rissen die Gewehre hoch, und wenn Großtante Hedwig sich nicht dazwischengeworfen hätte ... So aber traten die Soldaten mit einem Korb *Eier* den Rückzug an, und Großonkel Ferdinand genehmigte sich einen Schluck Köm auf den Schreck.

Die Sprachphilosophie begann mit einer ähnlichen Fehlleistung.

Die Ägypter hielten sich für das älteste Volk der Welt. König Psammetich II. (594–588 v. Chr.) wollte diese These experimentell beweisen. Er ließ zwei Neugeborene beschaffen und vertraute sie einem Hirten an. Der sollte sie in einen leeren Raum legen, von seinen Ziegen säugen lassen und – wichtigste Bedingung – dafür sorgen, daß in ihrer Hörweite *kein menschliches Wort* gesprochen wurde. Auf diese Weise vor fremden Einflüssen geschützt, würden die Kleinen – so kalkulierte der König – eine Sprache *aus sich heraus* entwickeln müssen. Diese Sprache würde der menschlichen Ursprache gleichen, und diese Ursprache würde verraten, welches Volk zuerst auf der Erde gelebt hatte.

Nach zwei Jahren erschien der Hirte mit seinen Schützlingen bei Hofe. Sie hatten inzwischen offenbar zu sprechen gelernt, denn sie lallten das Wort: «Bekos». Nur dies eine Wort. Im Ägyptischen gab es kein «Bekos». Also erkundigte sich der König bei den Sprachgelehrten, ob das Wort aus irgendeinem anderen Land stammen könne. Man wurde fündig: In der Sprache der Phryger, die in Kleinasien lebten, bedeutete «Bekos» Brot. Das erschien sinnvoll, da die Kinder jedesmal die Arme ausstreckten, wenn sie das Wort aussprachen. Offenbar hatten sie Hunger. Schweren Herzens erklärte der König die Phryger zur Urbevölkerung der Welt.

Zu jener Zeit gab es noch keinen Nobelpreis. Sonst wäre Psammetich ein ganz heißer Anwärter gewesen. Sein Experiment stellte einen Meilenstein in der anthropologischen Forschung dar. Zum ersten Mal wurden die Parallelen zwischen *Phylogenese*, der Entstehung der Menschheit, und *Ontogenese*, der Entwicklung des einzelnen Menschen, gesehen, und zum ersten Mal rückte die Sprache in den Brennpunkt des wissenschaftlichen Interesses.

*

Dort steht sie seitdem, doch ihr Ursprung liegt nach wie vor im dunkeln. Die einen, wie der renommierte Paläoanthropologe Richard Leakey, glauben fest daran, daß schon der flachstirnige *homo erectus* sprechen konnte und daß die ersten Menschen, als sie vor 1 600 000 Jahren aus Afrika aufbrachen, um die Erde zu erobern, drei große Errungenschaften im Marschgepäck hatten: Feuer, Faustkeil und Konversation. Dagegen legt der Amerikaner Jared

Diamond die Hand dafür ins Feuer, daß unsere komplexe Sprache vor weniger als 100 000 Jahren in einer «kreativen Explosion» entstanden sei. Der *homo erectus* habe allenfalls einzelne, stark interpretationsbedürftige Grunzlaute ausgestoßen.

Ebenso ungeklärt wie der Zeitpunkt ist die Ursituation der Sprachentstehung: Nach der *«Wau-Wau»-Theorie* entstand die Sprache durch Nachahmung von Umweltgeräuschen und Tierlauten. Nach der *«Aua»-Theorie* bildete der instinktive Ausdruck von Schmerz, Lust oder Erstaunen den Ausgangspunkt. Die *«Hauruck»*-Theorie sieht die Urmenschen gemeinsam beim Schleppen eines schweren Tierkadavers, das sie nach Matrosenart durch rhythmischen «Gesang» begleiten. Am romantischsten klingt die *«Tandaradei»*-Theorie des Dänen Otto Jespersen. Danach entwickelte sich die Sprache beim Spiel und beim Minnedienst, wo sie das zärtliche Lausen begleitete und allmählich ersetzte.

Über die Ursprache läßt sich wunderbar spekulieren. Alles ist möglich. Man wird jedoch davon ausgehen dürfen, daß der flämische Arzt und Philologe Johann G. Becanus auf dem Holzweg war, als er behauptete (und etymologisch nachwies), das Paradies habe in Deutschland gelegen, Adam habe akzentfreies Teutonisch gesprochen und auch das Alte Testament sei ursprünglich deutsch gewesen; erst später habe Gott – aus welchen Gründen auch immer – die Übersetzung ins Hebräische in Auftrag gegeben.

*

Im Gegensatz zur Phylogenese, die aus Knochenfunden rekonstruiert werden muß, läßt sich die Ontogenese am krabbelnden, brabbelnden Objekt beobachten und mit Tonband und Notizblock dokumentieren. Trotzdem bleibt der Spracherwerb des Kleinkindes ein Wunder. Zweifellos wird die Sprache *erlernt*. Das Kind braucht in den ersten Lebensjahren jemanden, der mit ihm spricht. Erst dadurch wird jener Prozeß in Gang gesetzt, der den Volkshochschüler aus dem Kurs «Finnisch für Anfänger» vor Neid erblassen läßt: Ohne methodischen Unterricht, ohne Grammatikkenntnisse und Vokabelpaukerei beginnt das Kind *irgendwie* zu sprechen. Dreijährige verstehen bereits ca. 3000 Begriffe. Die enorme Aufnahmefähigkeit für Sprache ist offenbar allen Menschen angeboren. Denn Intelligenzunterschiede spielen kaum eine Rolle. Das normal begabte Kind spricht vielleicht früher als das spätere Genie.

Im Jahr 1970 betrat ein 13jähriges Mädchen an der Hand seiner schwerbehinderten Mutter ein Sozialamt in Los Angeles. Es war völlig verwahrlost und körperlich wie geistig um Jahre zurückgeblieben. Als die Hintergründe ans Licht kamen, war fassungsloses Entsetzen und Mitleid die einhellige Reaktion. «Genie» (d. h. «Kobold») – so wurde das Kind von den Sozialarbeiterinnen genannt – hatte zwölf Jahre lang, von seinem geistesgestörten Vater auf einen Klosettstuhl gefesselt, allein in einem abgedunkelten Zimmer vegetiert. Wenn es einen Laut von sich gab, war es geprügelt oder angebellt worden. Die Mutter – offenbar selbst ein hilfloses Opfer – hatte «Genie» nicht helfen können. Der Vater erschoß sich, als er wegen Kindesmißhandlung vor Gericht gestellt wurde. Für «Genie» kam die Rettung auf jeden Fall zu spät. Offenbar ist das Gehirn nur in den ersten Lebensjahren bereit, sich für die Sprache zu «öffnen». Danach ist das Tor versperrt, und alle Anstrengungen führen nur zu kümmerlichen Fortschritten. Auch der Verstand verharrt auf einer primitiven Stufe. Vermutlich hätte es «Genie» geholfen, wenn sie sich während ihrer Gefangenschaft durch Gebärden hätte verständigen können. Sprache ist nicht an Schallwellen gebunden. Jedes System von Zeichen, die Informationen transportieren, kann das Sprachtor öffnen. Das kam der kleinen Helen Keller zugute, die mit neunzehn Monaten durch eine Meningitis Augenlicht und Gehör verloren hatte. Sie schien zu einem Leben in Sprachlosigkeit verdammt zu sein. Doch ihre Hauslehrerin kam auf eine brillante Idee. Sie schrieb dem Mädchen Wörter *in die Handfläche*. Helen Keller promovierte später und wurde als Autorin weltberühmt.

*

Der Kirchenvater Augustinus von Hippo muß ein gußeisernes Gedächtnis besessen haben. Er behauptet in seinen Memoiren, sich an seine ersten Sprachlektionen erinnern zu können: «Wann die Erwachsenen irgendeinen Gegenstand nannten und in Verbindung mit diesem Laut sich zu etwas hinbewegten, sah ich es und merkte mir, daß sie mit den ausgesprochenen Lauten jenen Gegenstand benannten, den sie mir zeigen wollten … So lernte ich nach und nach die Bedeutung der Wörter, die ich häufig in unterschiedlichen Sätzen und Stellungen gehört hatte; ich bemühte mich, diese Zeichen mit meinem eigenen Mund vollkommen nachzuformen, und drückte dadurch meine eigenen Wünsche aus.»

In dieser Schilderung verbirgt sich eine Theorie, die sogenannte *Gegenstandstheorie* der Bedeutung: Die Wörter sind «Zeichen für die Dinge». Jedem Gegenstand entspricht ein Wortzeichen (oder mehrere), und umgekehrt. Diese Theorie erklärt uns, wie man die Wörter «Fenster», «Hund» oder «Nase» mit Bedeutung füllt. Aber wie sieht es mit «nachdem», «nirgendwo», «Bedeutung» oder «sein» aus? Und auf welche Weise hat Klein-Augustinus die Deklinationen und den Ablativus absolutus gelernt?

Die Zeigefinger-Methode entbehrt in elementaren Situationen nicht eines gewissen Charmes («Ich – Tarzan! Du – Jane! Das – Liane!»), in komplexen Zusammenhängen jedoch stößt sie rasch an ihre Grenzen. Was sich tatsächlich alles zwischen «Mama», «Mama süß» und «Mama, können Kühe lachen?» abspielt, ist nach wie vor ein Mysterium. Nur weiß man mittlerweile, daß *Kreativität* dabei ein wesentlicher Faktor ist. Das Kind *spielt* mit Wörtern und Strukturen, so wie es mit Bauklötzen spielt. Es braucht keine Baupläne. Ja, wenn dem Kind der «richtige» Satzbau durch die ehrgeizigen Eltern aufgedrängt wird, *vermindert* sich das Lerntempo!

*

Der begrenzte Geltungsbereich ist nicht das einzige Manko der Gegenstandstheorie. Ludwig Wittgenstein, der Begründer einer neuen Sprachphilosophie, schreibt mit kritischem Bezug auf Augustinus. «In der Umgangssprache kommt es ungemein häufig vor, daß dasselbe Wort auf verschiedene Art und Weise bezeichnet ... oder daß zwei Wörter, die auf verschiedene Weise bezeichnen, äußerlich in der gleichen Weise im Satz angewandt werden.»

Als Beispiel zitiert er das unschuldige Wörtchen «ist».

1) Es kann die *Identität* ausdrücken: *Bill Clinton* ist *der 42. Präsident der Vereinigten Staaten.* Dieses «ist» entspricht einem Gleichheitszeichen. Die Ausdrücke «Bill Clinton» und «der 42. Präsident der Vereinigten Staaten» sind austauschbar.

2) Es kann ausdrücken, daß etwas *Element einer Menge* ist: *Bill Clinton* ist *US-Amerikaner.*

Diesen Satz könnte man umformulieren: Bill Clinton gehört zum Volk der US-Amerikaner.

3) Es kann ausdrücken, daß *eine Menge Teil einer anderen Menge* ist: *Jeder Präsident der Vereinigten Staaten* ist *US-*

Amerikaner. Die Präsidenten sind eine Teilmenge des Volkes.

4) Es kann die *Existenz* ausdrücken: *Bill Clinton* ist. Diesen starken Gebrauch – im Sinne von «Bill Clinton existiert» – kann man auf Philosophiekongressen antreffen («Das Sein ist.») sowie vor tätlichen Auseinandersetzungen («Was guckste so blöd? *Ist* was?»).

*

Auch sonst ist die Sprache ein Meer von Mehrdeutigkeiten. Völlig konfus wird's bei Wörtern wie «Liebe». Man kann sagen: «Ich liebe diesen Käse!» oder «Ich liebe meine Feinde!» oder «Ich liebe dich, mein Schatz!» In jedem dieser Fälle steht das Wort «lieben» für ein grundlegend anderes Gefühl. Und die Bandbreite der Bedeutungen von «Ich liebe dich!» reicht von «Ich würde mein Leben für dich geben!» bis «Bleibst du noch zum Frühstück?» Also Vorsicht bei «großen» Worten. Nicht überall, wo «Liebe» draufsteht, ist auch Liebe drin. Und nirgendwo exakt *die* Liebe, die man selbst meint.

«Die Sprache verkleidet den Gedanken», meinte Wittgenstein. «Und zwar so, daß man nach der äußeren Form des Kleides nicht auf die Form des bekleideten Gedankens schließen kann ... So entstehen leicht die fundamentalsten Verwechslungen (deren die ganze Philosophie voll ist).» Und er schlug vor: «Um diesen Irrtümern zu entgehen, müssen wir eine Zeichensprache verwenden, welche sie ausschließt.» Die weiten, vieldeutigen Gewänder der Umgangssprache sollten durch die hautengen Ausdrücke einer formal-logischen Sprache ersetzt werden.

Mit diesem Projekt war eine Distanzierung von der traditionellen Philosophie verbunden. Denn «die meisten Fragen und Sätze der Philosophen beruhen darauf, daß wir unsere Sprachlogik nicht verstehen. Und es ist nicht verwunderlich, daß die tiefsten Probleme eigentlich *keine* Probleme sind ... » Das war eine Revolution. Der 25jährige Wittgenstein erklärte zweitausend Jahre europäischer Philosophiegeschichte für «unsinnig». Die Säulenheiligen von Sokrates bis Hegel wurden als Hochstapler bloßgestellt, die mit einem aberwitzigen Aufwand an Gehirnschmalz und Lampenöl nichts als pompöse Seifenblasen produziert hatten. Nach Wittgenstein sollte die Philosophie einen prinzipiell anderen Charakter haben: «Alle Philosophie ist ‹Sprachkritik›.» Sie ist «ein Kampf gegen die Verhexung unsres Verstandes durch die Mittel unserer Sprache».

*

Nun könnte man ins Grübeln kommen: «Ja, aber lohnt es sich dann überhaupt noch, Platon, Descartes oder Leibniz zu studieren?» Wittgenstein hat diese Frage für sich verneint. Ich bin *nicht* seiner Meinung, ausgehend von folgender Überlegung:

Ist sprachliche Präzision unverzichtbar? In Lehrbüchern, Verträgen und Gebrauchsanweisungen, ja. Dort muß der Autor die Konsequenzen seiner Worte, ähnlich wie beim Pool-Billard den Stoß, im voraus berechnen, denn das anvisierte Ziel steht fest. Das lebendige Gespräch unter Freunden gleicht dagegen eher einer Kickerei, bei der man sich das Leder zupaßt. Die Unterhaltung lebt davon, daß der Hörer mitdenkt und den Worten des Sprechers quasi entgegengeht. Kein Paß kommt millimetergenau an. Doch diese kleinen Mißverständnisse sind kein Problem, im Gegenteil, sie geben der Unterhaltung Würze. Die Übermittlung von Informationen ist ja nur *eine* Funktion der Sprache, das Vergnügen am Hin und Her der Übermittlung kann genauso wichtig sein. Ich habe Spaß am Kicken, nicht weil ich den Ball bekomme, sondern weil ich mich bewege. Die Unterhaltung dient auch der Unterhaltung.

Beim Lesen alter Philosophie-Texte ergibt sich nun ein besonderes Problem. Die Autoren – wie z. B. Augustinus – haben für *ihre* Epoche geschrieben, nicht für uns. In den Jahrhunderten, die seither vergangen sind, haben sich Sprechen und Denken gewandelt, d. h., die «Taschen» auf dem Billard-Tisch sind verschoben. Das hat zur Folge, daß uns die Botschaften aus früheren Zeiten oftmals verfehlen. Gern geben wir dann dem Autor die Schuld. Dabei wäre es unsere Aufgabe, das Spiel umzufunktionieren und dem Autor ein Stück *entgegenzudenken*. Der Wert der alten Texte liegt nicht so sehr in den fachlichen Informationen, die wir ihnen entnehmen können, als vielmehr darin, daß wir in die Zeit reisen, uns auf eine ferne Kultur einlassen und uns dem Denken eines Menschen öffnen, der in einer völlig anderen Welt gelebt hat.

Das Philosophie-Studium erweitert, richtig betrieben, wie kaum etwas anderes den gedanklichen Horizont. Und einen weiteren Horizont können wir gebrauchen, denn die Sprache ist nicht nur das Kleid des Gedankens, sie ist auch ihre Zwangsjacke. Wir können nur *in der Sprache* denken.

Der einzige Fluchtweg aus unserem Sprachgehege führt über das Erlernen von Fremdsprachen. Denn bei allen Gemeinsamkeiten stellt doch jede Sprache einen eigenen Kosmos dar. Und es gibt so viele faszinierende Sprachen: Chinesisch, Hopi, Sanskrit, die Sprache der Mathematik, die Musik, die Taubstummensprache, die Blumensprache – und der Romantiker Novalis notierte sich einmal: «Langer Umgang lehrt einen die Gesichtssprache verstehn ... Man könnte die Augen ein *Lichtklavier* nennen.»

*

PS: Und was bedeutete das Rätselwort «Bekos» in Wirklichkeit? Nach 2500 Jahren wurde der wissenschaftliche Irrtum des Ägypterkönigs aufgeklärt: «He, heraus! Du Ziegen-*Böck*! Schneider, Schneider, meck, meck, meck!» höhnten Max und Moritz. Das angebliche «Urwort» war vermutlich nichts als das Echo einer meckernden Geiß.

Zum Weiterlesen empfehle ich:
Die Cambridge Enzyklopädie der Sprache von David Crystal (Frankfurt/M. 1995).

21

DIE PHILOSOPHIE

oder
Meditationen im Stadion

«Je weiter man in der Philosophie gekommen ist, desto begieriger wird man auf das, was daran noch fehlt.» (Plutarch)

Der Werbespot für eine intelligente Kaffeemaschine blubbert: «*Unsere Philosophie heißt Innovation!*» Von solcher «Philosophie» ist hier natürlich nicht die Rede. Auch nicht von derjenigen Abteilung der Universitätsphilosophie, die Philosophenmumien seziert und daher korrekterweise «philosophische Pathologie» heißen sollte. (Man unterscheidet zwischen Kunst und Kunstgeschichte, zwischen Literatur und Literaturgeschichte. Nur die Universitätsphilosophie vermischt das lebendige Denken mit der Leichenbeschau.) Nein, wir wollen weder Designer-Gesülze noch akademische Nekrophilie. Wir wollen das, was Philosophie ursprünglich einmal war …

*

Frühling im Land von Ouzo und Metaxa. Die Hotels sind belegt oder zu teuer. Ich schaue mich um: Die Luft ist rein. Ich werfe meinen Schlafsack über den mannshohen Maschendrahtzaun und klettere hinterher. Eins, zwei – Sprung und knackende Landung im Gestrüpp. Geisterstädte sind unheimlich. Aber eine Götterstadt im Mondlicht ist auch nicht zu verachten, was den Gruselfaktor angeht. Ob die Ausgrabungsstätten nachts bewacht werden? Vielleicht läßt man ja nach Toresschluß ein paar Bluthunde innerhalb der Umzäunung frei, und ich werde gleich in Fragmente zerrissen wie der Vorsokratiker Aktaion?

Mit gemischten Gefühlen wage ich mich aus dem Schutz der Bäume. Vor mir liegt menschenleer, im Mondschein verschimmelt, das Heiligtum von Olympia, zur Rechten die schattigen Ruinen der Tempel und Schatzhäuser, zur Linken das langgestreckte Stadion. Ich betrete das Stadion durch den Torbogen und suche mir einen Platz auf dem Rasenwall, der als Zuschauertribüne dient. Vor 2750 Jahren sind hier zum ersten Mal Athleten aus ganz Hellas um die Wette gelaufen, und von diesem Ereignis an – 776 v. Chr. – zählten die alten Griechen die Jahre. Ich sitze allein mit meinen Gedanken an der Wiege des Sports und am Startpunkt der abendländischen Zeitrechnung – im Land von Herakles und Pindar, an der Quelle der abendländischen Philosophie ...

*

Als die Philosophie das Licht der Welt erblickte, staunte sie zuerst einmal – über sich selbst. «Wer bin ich?» fragte sie sich. «Und was mache ich hier?» Da sie in Griechenland geboren wurde, stellte sie den folgenden Vergleich an: Die Welt ist ein Stadion. Da gibt es die Athleten, die auf der Laufbahn um Sieg und Ehre wetteifern; vor dem Stadion und auf den Tribünen versuchen Oliven- und Wasserverkäufer, ihren Lebensunterhalt zu verdienen; und schließlich sind da die Zuschauer, die gelassen oder interessiert das Treiben beobachten. Letztere sind mit den Philosophen gleichzusetzen. Die Philosophie betrachtet das aktive Leben aus der Distanz, überschaut das Ganze, bildet sich eine Meinung, und ihre Leidenschaft ist die Fachsimpelei.

Der altehrwürdige Vergleich humpelt gewaltig.

Es stimmt zwar, daß Philosophie viel mit Schauen zu

tun hat – das griechische Wort für «Schau» ist *theoría* –, doch etwa die Hälfte der philosophischen Schau ist Nabelschau. Die Philosophie kommt aus dem Staunen über sich selbst nicht heraus bzw. sie kehrt immer wieder dorthin zurück. Man kann das als permanente Identitätskrise auslegen oder als Positionsbestimmung, wie sie ein Kapitän auf hoher See regelmäßig vornehmen muß.

Gleichviel, wir müssen uns den philosophischen Stadionbesucher jedenfalls so vorstellen, daß er in der einen Hand ein Fernglas hält, durch das er Läufer und Verkäufer observiert, in der anderen Hand einen Spiegel, mit dessen Hilfe er sich beim Zuschauen zuschaut.

In einer anderen Hinsicht trifft der Vergleich ins Schwarze: Den Zuschauern genügt die reine Schaulust nicht. Wer bei einem Wettrennen zuschaut, ohne mitzugehen, verpaßt das Wesentliche. Ein echter Fan geht mit, jubelt mit und leidet mit. Auch die Philosophie hält es nicht auf den Sitzen. Weltbetrachtung als Selbstzweck – das mag für ein paar stoische Kaltblüter die Lösung sein. Dem Gros der Philosophen erscheint das Zuschauen als die notwendige Vorstufe zur Weltverbesserung bzw. zur Veredelung des Menschen, und sie sind mit heißem Herzen dabei. «Die Philosophen haben die Welt nur verschieden *interpretiert*, es kömmt darauf an, sie zu *verändern*», schrieb Karl Marx, so als verkünde er damit eine sensationelle Neuigkeit. In Wirklichkeit ist die Philosophie seit jeher revolutionär und utopisch gewesen.

Ein Samenkorn kann zu einem Baum heranwachsen und mit seinen Wurzeln Felsen zersprengen. Eine Glasscherbe, die das Sonnenlicht auf ein trockenes Blatt bündelt, kann einen verheerenden Waldbrand auslösen. Ein Gedanke, von einem Sonderling im stillen Kämmerlein ausgebrütet, kann die Welt auf den Kopf stellen. Der Tatmensch sieht gewöhnlich auf die grüblerischen Nichtstuer herab – wenn er sie überhaupt wahrnimmt. Dabei führt er vielleicht gerade dasjenige unbewußt aus, was die Grübler und Zweifler früherer Generationen als Möglichkeit entworfen haben.

*

Wer die Gefühle und Gedanken beherrscht, beherrscht die Menschen. Das weiß niemand besser als die Mächtigen, und deshalb haben sie die Philosophen immer mit Argwohn betrachtet, sie außer Landes gejagt oder als prestigeträchtige Hofnarren angeheuert. Einige der berühmtesten Denker entkamen nur knapp dem Märtyrertod – oder auch nicht.

Warum wurde Sokrates hingerichtet? Weil er eine Quasselstrippe war und die Leute von der Arbeit abhielt? Da wäre der Schierling bald knapp geworden in Athen. Die offizielle Anklage lautete: «Sokrates vergeht sich, indem er die jungen Leute verdirbt und nicht dem Brauch gemäß die Götter verehrt, welche die Stadt verehrt, dafür aber andere, neue göttliche Wesen.» Kurz: Man beschuldigte ihn der «geistigen Brandstiftung». Dieser Vorwurf wird ja gern gegen jene erhoben, die sich als moralische Feuerwehr verstehen.

Platon fand sich eines Tages auf dem Sklavenmarkt der Insel Aigina wieder – als Sonderangebot! Nur dem Zufall hatte er es zu verdanken, daß sich ein alter Freund von ihm auf dem Markt einfand, der ihn für zweitausend Drachmen ersteigerte und nach Athen zurückbrachte. In diese prekäre Lage war der Philosoph durch sein politisches Engagement gekommen. Er hatte Dionysios I. von Syrakus (bekannt als der finstere Wüterich aus Schillers *Bürgschaft)* kritisiert, eine Regierung dürfe sich nicht von selbstherrlichen Launen leiten lassen. Dionysios gab die tyrannentypische Antwort: «Das sollst du am Kreuze bereuen!» Erst auf Zureden seiner Ratgeber begnadigte er den Philosophen und ließ ihn auf den Sklavenmarkt verfrachten.

Auch Voltaires Flirt mit der Macht hätte fast einen tragischen Ausgang genommen. Jahrelang hatte er mit Friedrich dem Großen überschwengliche Huldigungsbriefe gewechselt. 1736 schrieb Friedrich, zu jener Zeit noch Kronprinz von Preußen, an sein Idol: «Sie zeichnen, Monsieur, in ihrem Brief das Bild eines vollendeten Fürsten, in dem ich mich nicht wiedererkenne ... Ich werde mir dieses Bild als Modell vor Augen halten und alle Anstrengungen unternehmen, um würdiger Eleve eines Meisters zu sein, der so göttlich zu unterrichten versteht.»

Als Voltaire Jahre später Friedrichs Einladung nach Potsdam annahm, mußte er feststellen, daß Philosophie und Macht zwei Paar Stiefel sind. Er ergriff schließlich die Flucht. Friedrichs Schergen erwischten ihn jedoch kurz vor der französischen Grenze, warfen ihn ins Gefängnis und plünderten ihn weidlich aus. Am Ende mußte er noch froh sein, daß man ihn und seine Lebensgefährtin mit heiler Haut ziehen ließ.

Die Philosophen – egal, ob sie sich als Erzieher der Mächtigen profilierten oder als Erzieher des Menschengeschlechts – haben sich stets gern in die Politik eingemischt. Wenn wir am Bild des Olympiastadions festhalten, so entsprechen sie am ehesten den Trainern und Kampfrichtern, die zwar zuschauen, aber nicht als Unbeteiligte. Sie sehen ihre Aufgabe darin, ihre Favoriten nach vorn zu bringen bzw. über den regelgerechten Verlauf der Spiele zu wachen.

*

Und dann gibt es auf den Rängen sonderbare Leute, die sich weniger für die Sportveranstaltung interessieren als für ihre Ferngläser. Wie kommt es, daß man alles größer sieht, wenn man durch die Okulare schaut? Warum schrumpft alles zusammen, wenn man das Fernglas umdreht? Wie groß sind die Läufer *in Wirklichkeit?* Wie funktioniert das Fernglas? Wie funktioniert das Auge? Wie funktioniert das Gehirn?

Wer so fragt, ist ein *Erkenntnistheoretiker.*

Andere Spezialisten haben Statistiken von früheren Spielen dabei. Sie vergleichen die aktuellen Ergebnisse damit und streiten darüber, ob es mit dem Sport bergab oder aufwärts gehe. Das sind die *Geschichtsphilosophen.*

Ein paar Sonderlinge behaupten, man könne die Spiele am besten mit geschlossenen Augen würdigen. Das sind die *Mystiker.*

Die Interessen auf der Tribüne sind so vielfältig wie die Aktivitäten auf dem Rasen. Ursprünglich gab es bei den Olympischen Spielen nur einen Wettbewerb, den Stadionlauf. Heute kann man die Einzelentscheidungen kaum noch zählen. Ähnlich dynamisch verlief die Entwicklung in der Philosophie: Zur sogenannten «Praktischen Philosophie» rechnet man alles, was sich auf das menschliche Leben bezieht: Anthropologie («Menschenkunde»), Politische Philosophie, Rechtsphilosophie und Ethik, Religionsphilosophie, Eudämonologie («Lehre vom Glück»), Geschichtsphilosophie und dergleichen. Die «Theoretische Philosophie» ergründet das Sein und die Wahrheit; sie umfaßt Logik, Wissenschaftstheorie, Sprachphilosophie, Ontologie («Lehre vom Sein») und dergleichen.

Innerhalb jeder Disziplin gibt es wiederum zahlreiche verschiedene Richtungen mit zum Teil abenteuerlichen Namen. Zur Erkenntnistheorie gehören beispielsweise der Deduktivismus, der Induktivismus, der Fallibilismus, der Empiriokritizismus, der Pragmatismus, die evolutionäre Erkenntnistheorie und andere.

Wenn man genau hinsieht, läßt jeder originelle Kopf einen neuen Zweig am mächtigen Baum der Philosophie hervorsprießen, und an jedem Zweig wachsen Blätter, die bleichen, fußnotenreichen Blätter der Sekundärliteratur. Der Baum beeindruckt durch sein Alter und seinen Umfang, und doch werden Stimmen laut, die behaupten, der Stamm sei hohl, in den Früchten säße der Wurm und überhaupt sei der Baum nichts als ein gigantisches Unkraut.

*

Das 20. Jahrhundert war für die Philosophie ein einziges Desaster. Während die Naturwissenschaften atemberaubende Fortschritte feierten, mußten die Philosophen den Offenbarungseid leisten. Alles, was sie Darwin, Einstein, Freud, Turing, Crick und Watson entgegenzusetzen hatten, waren ein paar Esoteriker, die ihren Jargon pflegten. Die Großversuche, den Marxismus in praktische Politik umzusetzen, forderten Millionen von Opfern und endeten in kultureller Stagnation und wirtschaftlichem Zusammenbruch. Die Weltverbesserer schufen die Hölle auf Erden. Rousseau, Schopenhauer und Nietzsche wurden von den Psychoanalytikern vorgeführt. Zwei der bedeutendsten Philosophen des Jahrhunderts, Wittgenstein und Popper, erklärten den Bankrott der traditionellen Philosophie. 2500 Jahre Philosophie – eine groteske Chronik von Fehlschlüssen und mangelnder Sprachkompetenz? 2500 Jahre Philosophie – auf den Müll? Gemach. Die Wirklichkeit kann auch ganz anders aussehen, und das gleich in dreierlei Hinsicht.

*

Zum einen kann die Philosophiegeschichte auch als glänzende Erfolgsstory gelesen werden. Ursprünglich nämlich umfaßte die Philosophie Disziplinen wie Physik, Kosmologie, Psychologie, Soziologie und so weiter. Erst als mit dem 18. Jahrhundert das gesammelte Wissen unüberschaubar wurde, entließ die Philosophie ihre Töchter nach und nach in die Selbständigkeit. Die Töchter haben ihre eigenen Methoden entwickelt und Karriere gemacht. Auf die Kommentare der altmodischen Mutter reagieren sie mit pubertärer Gereiztheit. Am liebsten würden sie ihre Abstammung verleugnen. Dabei hat der Vorsokratiker Demokrit die Atomtheorie entworfen, der Scholastiker Grosseteste den Urknall beschrieben und Leibniz nicht nur «die beste aller möglichen Welten», sondern auch den Computer erfunden.

Zum zweiten sollte man nicht Äpfel mit Birnen vergleichen. Naturwissenschaft ist ihrem Wesen nach unpersönlich: Ein Untersuchungsergebnis kann erst dann Gültigkeit für sich in Anspruch nehmen, wenn andere Forscher beim selben Experiment zu demselben Ergebnis kommen. Philosophie dagegen lebt von «Typen» wie Diogenes, Nietzsche und Feyerabend, die ihre sehr persönliche und unkonventionelle Sicht der Dinge kultivierten. Philosophie hat deshalb viel mit Kunst und Literatur gemein. Und gibt es in diesen Bereichen etwa einen Fortschritt? Ist Bernhard weiter als Shakespeare? Ist Baselitz der Höhlenmalerei überlegen?

Schließlich zeigt sich der Wert der Philosophie in erster Linie im subjektiven Erleben. Dort wo die Gedanken nicht ein gesichtsloses Produkt des Geistes sind, sondern Ausdruck und *Abdruck* einer einzigartigen Persönlichkeit, entfaltet Philosophie ihre ganze, das Leben verändernde Wucht. Die Selbstbestimmung des Subjekts in der existenziellen Entscheidung wirkt mächtiger als jede abstrakte Wahrheit. Das Allgemeingültige ist gleichgültig im Angesicht von Krankheit, Liebe, Tod und Schuld. Im subjektiven Philosophieren dreht sich alles um die Frage: «Wer will ich sein?»

Der Bergsteiger hat kein großes Interesse daran, daß die Achttausender von irgendwem bezwungen werden. *Er selbst* will es sein, der sie bezwingt. Nicht das Faktum zählt, sondern das Erlebnis. Jeder bezwungene Gipfel ist auch ein Sieg über sich selbst, ein Schritt über die eigenen Grenzen, der neue Horizonte öffnet. Nicht anders ergeht es dem Philosophen bei seinem Denksport.

*

Womit wir wieder in Olympia wären. Ich steige von der Tribüne und laufe einmal im Stadion hin und zurück. Der Mond ist eine kaputte Stoppuhr. Aber wen interessiert schon die genaue Zeit? Dabeisein ist alles. Auch in der Philosophie. Ich rolle in einem Mauergeviert, über dem sich einmal das Schatzhaus von Gela erhoben hat, meinen Schlafsack aus.

Friedhelm Moser, 1954–1999, studierte Altphilologie und Philosophie. Nach dreizehn Jahren im Schuldienst konzentrierte er sich ganz auf die Schriftstellerei. So veröffentlichte er mehrere erfolgreiche Bücher, unter anderem «Der philosophische Flohmarkt» (1995) und «Alles am Weibe ist ein Rätsel» (1998).

Buchanzeigen

Philosophie bei C. H. Beck

Otfried Höffe (Hrsg.)
Klassiker der Philosophie
Band 1: Von den Vorsokratikern bis David Hume
3., überarbeitete Auflage. 1994.
571 Seiten mit 23 Porträtabbildungen. Leinen

Otfried Höffe (Hrsg.)
Klassiker der Philosophie
Band 2: Von Immanuel Kant bis Jean-Paul Sartre
3., überarbeitete Auflage. 1994.
565 Seiten mit 23 Porträtabbildungen. Leinen

Nora K./Vittorio Hösle
Das Café der toten Philosophen
Ein philosophischer Briefwechsel
für Kinder und Erwachsene
3. Auflage. 1997. 256 Seiten
mit einer Abbildung. Gebunden

Wolfgang Röd
Der Weg der Philosophie
Von den Anfängen bis ins 20. Jahrhundert
Band 1: Altertum, Mittelalter, Renaissance
1994. 525 Seiten. Leinen

Wolfgang Röd
Der Weg der Philosophie
Von den Anfängen bis zum 20. Jahrhundert
Band 2: 17. bis 20. Jahrhundert
1996. 637 Seiten. Leinen

Dieter Thomä
Erzähle dich selbst
Lebensgeschichte als philosophisches Problem
1998. 353 Seiten. Broschiert

Verlag C. H. Beck München

Philosophie bei C. H. Beck

Otto A. Böhmer
Sternstunden der Philosophie
Schlüsselerlebnisse großer Denker von Augustinus bis Popper
Limitierte Sonderauflage. 1998. 215 Seiten. Paperback
(Beck'sche Reihe Band 4015)

Otto A. Böhmer
Neue Sternstunden der Philosophie
Schlüsselerlebnisse großer Denker von Platon bis Adorno
3. Auflage. 1999. 188 Seiten. Paperback
(Beck'sche Reihe Band 1130)

Otto A. Böhmer
Als Schopenhauer ins Rutschen kam
Kleine Geschichten von großen Denkern
2., unveränderte Auflage. 1998. 210 Seiten. Paperback
(Beck'sche Reihe Band 1232)

Rafael Ferber
Philosophische Grundbegriffe
Eine Einführung
6., erneut überarbeitete Auflage. 1999.
238 Seiten. Paperback
(Beck'sche Reihe Band 1054)

Vittorio Hösle
Praktische Philosophie in der modernen Welt
2., um ein Nachwort erweiterte Auflage. 1995.
216 Seiten. Paperback
(Beck'sche Reihe Band 482)

Hubert Schleichert (Hrsg.)
Von Platon bis Wittgenstein
Ein philosophisches Lesebuch
24. Tsd. 1999. 384 Seiten. Paperback
(Beck'sche Reihe Band 1345)

Verlag C. H. Beck München